U0890064

极简
面试心法

百万年薪Offer，你也可以

张 灿◎著

南方传媒 SPM | 广东经济出版社
·广州·

图书在版编目（CIP）数据

极简面试心法：百万年薪 Offer，你也可以／张灿著．—广州：广东经济出版社，2022.3
ISBN 978－7－5454－8149－5

Ⅰ．①极… Ⅱ．①张… Ⅲ．①口式－考试方法 Ⅳ．①G424.74

中国版本图书馆 CIP 数据核字（2021）第 259313 号

责任编辑：蒋先润
责任校对：路亚妮
责任技编：陆俊帆

极简面试心法：百万年薪 Offer，你也可以
JIJIAN MIANSHI XINFA：BAIWAN NIANXIN OFFER，NI YE KEYI

出版人	李　鹏
出　版 发　行	广东经济出版社（广州市环市东路水荫路 11 号 11～12 楼）
经　销	全国新华书店
印　刷	佛山市迎高彩印有限公司 （佛山市顺德区陈村镇广隆工业区兴业七路 9 号）
开　本	730 毫米×1020 毫米　1/16
印　张	15.5
字　数	194 千字
版　次	2022 年 3 月第 1 版
印　次	2022 年 3 月第 1 次
书　号	ISBN 978－7－5454－8149－5
定　价	72.00 元

图书营销中心地址：广州市环市东路水荫路 11 号 11 楼
电话：（020）87393830　邮政编码：510075
如发现印装质量问题，影响阅读，请与本社联系
广东经济出版社常年法律顾问：胡志海律师

谨以此书献给在我成长道路上，不断帮助和激励我的——

爸妈、老师、前辈、领导、同事、同学和好友们……

我希望和你们一样，不断追求成长和利他

本书初版稿酬将全部捐给新闻专业学生基金

推 荐 序

将来未来，做好当下

去岁深秋，我与张灿微信闲聊约他回母校做场讲座，他说等他带着新书回来，还约我给他的新书作序，我权当是玩笑话一口应承了下来，谁承想今年“五一”前夕，他竟把书稿发了过来，让我给他的这本书作序。我顿时惶恐，张灿虽是我的学生，可他毕业后辗转于各互联网大厂十年，当年那个青涩、热情又专注的青年早已历练成胸有千壑的优秀职场人，他要做的事情也与我的专业相去甚远，这个序如何作得呢。

张灿这一届学生是我们新闻系的第一届学生，也是文学院的首批入校生，那时候老师比学生多，我们戏称他们是“新闻系黄埔一期”，老师们将他们宝贝得紧，上课倾囊相授，下课与他们“混”在一起，或许是这种没有“边界感”的教学方式，使他们具有了自由、独立、敢闯敢干的精神，他们在校期间办报纸、编杂志、搞大赛、去实习，校内校外搞得风生水起。

毕业至今，这一届学生仍是老师们最引以为傲的，张灿就是其中之一，他的热情、自信与执着给我留下较深的印象，但我也知道他不会成为传统意义上的“新闻人”，因为他从一开始就目标明确地告诉我将来会进入商业领域，他喜欢做商业。那时候我也只是笑笑说：“将来未来，做好当下。”他也是听得进去的，2008年他与同学合作拍摄了以汶川地震为主题的新闻短视频，并在全国大学生新闻大赛中获奖。

带着好奇与探寻，我仔细阅读了张灿的这本书稿，慨叹这十几年来张灿的确做了大量思考且有了丰富积累，王小波说过，“一个人只拥有此生此世是不够的，他还应该拥有诗意的世界”，对于张灿来说，他不仅拥有自己的此生此世，还通过职业咨询这个窗口帮助他人书写了更加成功与丰富的人生，字里行间写满了“大大的得意”。回想我大学毕业甚至是工作多年后，仍会因为“想不清、理不明”自己从事的职业与生活之间的关系蹉跎了很多岁月，还找“重在过程而不在结果”这样的借口搪塞自己，我深感愧疚。

张灿重塑了我对职业选择和职场关系的认知。比如他主张我们应该用“投资人+行业专家+历史学家”的三重角色分析一个行业的过去、现在和未来，快速建立一个框架和逻辑，最大限度地保障职业选择的成功率，这是我非常赞成的。我们那一代，大多数人秉持着“干一行爱一行”“从一而终”的职业理念，对自己所从事的职业虽不爱但也缺乏离开的勇气。如今的年轻人在选择职业的时候，会“因为爱”而坚守，这应该是时代的进步。

还比如他认为年轻人在求职过程中要“告别雇佣，建立互利合作关系”，“新型职场关系是利他的、互助的，是平等的、联结的，是信任的、开放的”。我在多年的教书生涯和社会实践工作中体悟到：雇佣理念只会让一个人有口饭吃，互利合作的职业理念才会让一个人拥有发展的机会和平台。在职业领域努力“扩大自己的舒适区”而不是放弃舒适区，这个理念对我具有颠覆性意义，颠覆了我一贯秉持的“吃得苦中苦，方为人上人”的教育理念，这是很值得玩味且很有趣的思想。

每年蔷薇花开的季节，是大学毕业生收获的季节，也是他们求职面试的旺季，他们面临职业选择与被选择，有希望，也有彷徨。大学的专业学习帮助他们完成了学历教育，但是职业素养与求职经验的缺乏使得他们在走向社会的时候几乎是透明人，快速的职业迭代与工作节奏让他们无法适应当下的社会生活与工作，或许丰富他们的求职经验，帮助他们做好入职前的职业规划，对他们来说是现实且有效的。张灿的这本书应该算是入门级的面试宝典了。我的女儿现在在读高中，我甚至在想高中生在选择大学专业之前也应做个全面、系统的职业规划，在这方面张灿是行家，他是不是该为师弟师妹们做点什么呢？

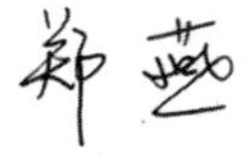

2021年夏，于济南仰山书房

自　序

把自己当成方法

大家好，我是张灿，朋友和咨询者们都叫我灿哥，如果你愿意，也这么叫就好。2020年新冠肺炎疫情之下，我做出了一个非常重大的决定，开始筹备一家职业咨询事务所，用专业的咨询方法帮助更多优秀的职场人解决实际的职业发展和职场经营问题。而在此之前的10年职业生涯中，这些方法帮我加入了美团、阿里巴巴等名企，享受了互联网和投资的红利，我在实际工作中，将其打磨成体系，使其日渐成熟。

说来也巧，在我写完本书的正文内容，开始写自序的今天，我10多年前入职的互联网行业的第一家公司上市了。自此，除了一家转型的明星创业公司，我在职业生涯第一个10年中就职过的所有公司都成功上市，我私下跟朋友们开玩笑说，我是公司上市的吉祥物，哈哈哈。

当然这是玩笑话，偶尔说说，大家一起乐一乐也无妨，但是一直以来，确实有很多朋友向我咨询——我是怎么选择公司的？我是怎么进入年薪百万的大厂的？我是怎么思考和设计自己的职业生涯的？与此同时，还有一些更具体的问题，比如，行业那么多，为什么十几年前就选择了互联网行业？现在哪些行业还有红利？为什么能一口气从事市场公关职业10年？等等。被问得多了，我就发现一些问题和困惑原来在职场人中普遍存在；回答得多了，我开始思考如何更好地帮助别人。

第一，我对职业发展和职场经营进行思考、复盘，并将结果进行公开分享，文字放在我个人的公众号“灿哥和朋友们”上，去年写了200多篇文章，累计字数30多万，视频号“灿哥和朋友们”上也会有不定期的视频分享。之所以叫“灿哥和朋友们”，是因为这是平等交流、深度对话、复盘思考的互动的地方。

第二，我在知乎等平台进行公益直播。每周我都会邀请一位资深的职场人，跟我一起聊聊职场人的核心利益话题，比如，如何申请加薪、如何应对加班、如何脱离打工人困境等。去年下半年，我在知乎上的直播就有40多期，每次在线观看的人数将近2万，现在我已经成为知乎头部的职场类大V、主播。

第三，我用写书的形式，系统性地整理和输出职场实战方法，既有实操性很强的“案例—分析—结论”等内容，也有经典的“why-what-how”等干货，这些内容完全可以作为每一个职场人近在手边、即学即用的解决问题的方法。为了更有针对性，我会分主题连写三本书，第一本的主题是面试技术，第二本的主题是职场经营策略，第三本的主题是商业化变现。

当然，我所写的书中的帮助职场人的方法可以解决的问题往往具有普适性，如果是非常个人化的问题，我更建议私下交流和深度咨询。我们是充分信任的朋友关系，我愿意充分了解你的想法和诉求，提出最合适的建议和解决方法，同时，我们也是核心利益一致的合作关系，我关心你的问题、困难、方法、效率和结果。在过去1年多的专业咨询实践中，我已经帮助500多位优秀的职场人解决了他们的职业问题，他们中既有成功加入互联网一线大厂的，也有顺利实现年薪百万的。

好了，介绍的话就说到这里吧，足够大家来了解我的所思、所想、所做。下面要重点说下本书，方便各位朋友正确、高效、有价值地使用。

第一，这本书完整的策划思路是模拟一个职场人在一次具体的面试前、中、后需要经历的事情，包括面试心态、面试动机、面试准备、面试策略、面试战术、面试技巧和面试问答七个部分，只要是想成为高薪职场人和优秀职场人的，都会完整地经历这七个环节，我就是洞察了这一点，才最终确定了这种思路。但是，因为每一个职场人的情况和问题各不相同，所以可以有所侧重地看。

第二，这本书的内容深度不是完全相同的。有的地方深一点，我会尽量多说一点，多引用一些案例来说明，希望大家可以理解到位；而有的地方浅一点，或者我认为不那么重要，就会一带而过，这是考虑到大家阅读和学习的整体效果才这样处理的。这也就意味着，拥有不同职场经历和工作年限的人，可以调整阅读速度。等你读完本书，只要有几个地方是可以记住并实践的，能对你有所帮助和启发就够了。

第三，这本书所阐述的方法、思路、案例等，都是真诚的、真实的，同时是开放的、多元的。比如，我的视角就有三个，一是资深职场人，我自己参加面试和经营职场已有10年之久；二是大厂面试官，我经手的简历达数千份，面试达数千场，阅人无数；三是职业咨询教练，我已经通过和千余位咨询者进行一对一深度互动，建立了深度连接。这三个视角正好互为补充，贯穿全书内容，能够有效地保障内容的质量和实操性。

尽管如此，因为我还在不断地成长和进步，现在的职业环境和创业环境也在高速地发展和变化，所以我将对本书的内容进行不定期更新，也欢迎大家看完本书后与我交流自己的想法、建议、观点、收获、实践成果等，在我的个人微信公众号“灿哥和朋友们”留言即可，更欢迎大家和我建立各种合作关系，相互成就。

最后，想讲一个略带励志的真实“鸡汤”故事。故事的主人公出生在中国一个普通的家庭，他既没有显赫的身世，家里也没有巨额的财富，这位主人公一路走来，从普通的小学到普通的初中，从普通的高中到普通的大学，直到进入社会、开始职场打拼，才逐渐把原来天马行空的想法一步步变成实实在在的收获和肉眼可见的成长。

这位主人公就是我，一个知行合一、学以致用的人，我可以，你也可以！

让我特别开心的是，越来越多优秀的职场人，通过向我咨询、学习等正在努力成为这样的高薪职场人，有的进了大厂、有的年薪百万、有的顺利跳槽、有的成功加薪……正如一位成功的咨询者复盘所说：“求职是一个不断探索和完善的过程。”

我祝福所有想抓住自己命运的职场人、上进青年都拥有这样的修行，加油哦！

2021年夏，于上海龙湖别墅

目　录

Contents

第 1 章

面试心态篇：新型面试关系

从面试过程来看，面试心态可能是最容易被面试候选人忽略的，但是，从面试结果来看，面试心态又是直接影响面试进程的。

我做职业咨询辅导的近千个案例的数据显示，不好的面试结果可能源于各种各样的问题，但是，好的面试结果一定都源于面试候选人有良好的面试心态。

第1章从面试心态说起，从投资学、博弈学和社会学等视角来深入阐释新型面试关系——投资关系、博弈关系和互利合作关系。

心态若改变，态度跟着改变；态度改变，习惯跟着改变；习惯改变，性格跟着改变；性格改变，人生就跟着改变。

——马斯洛

1.1 不是求职，而是投资

我开始写这个章节的前一天晚上，是个周末，我的一位咨询者跟我做gap review（差距审查）——这是我和这位咨询者的约定，隔一段时间就会回顾一下TA职业的近期变化。我惊喜地发现TA自从跟我咨询跳槽到某一线互联网公司后，成长得飞快。

1.1.1 你的职业就是一种投资

在咨询我之前，TA还只是一个在传统行业工作了3年+的市场拓展人员，没有任何互联网行业的经验，更谈不上有S级项目——互联网行业最高级别项目的操盘经验。

而后来，TA不仅成功操办了几场大型发布会，还负责TA公司2021年新春跨年营销项目中的S级项目。因为涉及公司的商业机密，暂时不方便多问，于是我们约定好等项目结束后在公益直播中再聊。每周固定时间，我都会在知乎直播间“灿哥和朋友们”和视频号“灿哥和朋友们”上与一位职场人聊一个职场人的核心利益点。

而这些只是TA自己的职业进展，TA和家人的职业分工也更加清晰了——TA的职业收入主要承担家庭的日常开支，维持家庭生活质量的基准线，而TA家人的职业收入主要承担未来可能的大宗支出，为家庭生活质量的提升提供更多可能性。

TA跟我分享的这一切，都是眼下的，听上去进展都还不错。所以最后我问了TA三个重要但非紧急的问题——关于未来的，也是完全开放式的问题：准备什么时候跳槽？跳槽以后准备做什么事情？这段职业经历的哪些收获可以为以后打下基础？

为什么最后我要问这三个问题？因为，如果你像我一样了解这个咨询案例、了解TA的职业背景和职业特质，你就会发现，TA已经跟我学会了用投资的眼光去思考和设计自己的职业经营和发展，从投资的角度看TA这一段的职业发展经历是这样的：

投资案例：加入互联网行业之前，在传统行业有3年+的市场经验，以及一定的成果。

投资筹码：未来*N*年投入的时间和精力，以及放弃其他职业机会的沉没成本。

确定的投资回报：向我咨询以后，成功拿到一线互联网大厂的Offer，担任项目负责人，薪酬大幅增加，职业发展进入快车道，等等。

可预期的投资收益：大厂内部的学习和成长机会，互联网行业顶级的资源、视野和“玩法”，从大厂出来以后创业和商业变现的成功率提升，等等。

实际上，不只是TA的职业，每一位职场人的职业都是一种投资，而这种投资的思维和意识是贯穿整个职业周期的。如果一定要给这种投资找一个起点，我认为是面试，我们要在面试的时候就用投资的眼光去分析和判断，而不是用简单的求职眼光。

因为，我们要面对的是一种新型的面试关系——不是Offer关系，而是投资关系。

1.1.2　用时间、精力和机会去投资

在传统的面试关系中，很多职场人会有这些说法和思维，比如：我是来求职的、我是来应聘的、我希望公司可以给我这个Offer、我希望自己可以搞定这个Offer……甚至很多公司的HR也会天然地认同这些说法和思维，毕竟“看上去”Offer是他们发放的。

这有什么陷阱呢？如果对这些说法和思维进行归类整理，就会发现，其背后都是“被挑选”的心态，候选人和HR双方潜意识里都认为：公司“挑选”员工，员工“被（公司）挑选”。从一开始，这种心态就预设了一种不平等的关系，假想了两个不平等的身份。

特别是在参加包括互联网大厂在内的知名企业的面试时，候选人众多，高手如云，职场人更容易产生这种“被挑选”的心态，HR也会更容易在客观上营造这种“挑选”的氛围和流程，因为能够进到下一轮面试环节的候选人确实是越来越少的。

这种心态很像男生在面对自己喜欢的漂亮女生时，或者女生在面对自己喜欢的优秀男生时，会在潜意识里希望自己能被对方看上（“被挑选”）。而结果呢，有这种心态的人往往会因为不够自信、不够主动，最终错过良缘。

实际上，职场人如果在面试中也是这种心态，最终的面试结果一般也不会很好。这些职场人本身并不是不够优秀，他们往往资历和背景都很好，只是面试时心态没有调整好，而最终错失职业发展的机会。也就是说，面试心态起到了至关重要的作用。

由此，在面试的整个过程中，我们职场人必须建立起一种正确且足

够强大的心态（需要不断建设），一旦拥有了这种心态，你就可以不卑不亢地展示自己的实力，促成自己加入心仪的公司，抓住获得高薪的机会，与公司互利发展。

这种新型的面试心态就是投资心态，它产生的就是新型面试关系——投资关系。

我们可以假设一下，你是手握重金的明星投资人，曾经成功投资过好几家公司，其中不乏业绩突出的上市公司，那么，当你碰到寻求投资合作的公司，你是不是会很关心该公司的创始人、团队、业绩、市场竞争力等核心因素？因为只有这些核心因素被你逐一认可后，大概率你才会进行投资，才有可能获得可预期的投资回报。

那么，同样的逻辑，作为职场人的你，你的时间、精力和机会就是你的“投资筹码”，过去的经验和工作成果就是你的“投资案例”，你寻找新的工作机会就是寻求新的“投资机会”，追求更多的“投资回报”。你和投资人唯一的区别就是投资人以钱为筹码，而作为职场人的你，是以你自己的时间、精力和机会为筹码。

更为现实的是，投资人的筹码一般不是自己的钱，投资失败也没太大关系，5%的投资成功率已经很高了。而你的投资筹码是自己的时间、精力和机会，它们往往不可再生，一旦投资失败，影响甚大，所以最好有100%的投资成功率。

所以，当我们明白了这一点，在面试前就要培养和训练自己的投资心态，在整个面试过程中，也要用投资的眼光去分析和判断工作机会，这样才可能与面试的公司建立良好的投资关系并获得不错的投资结果。

练习作业：假如这次面试你拿到了Offer，请用投资的眼光思考你的：

A. 投资筹码（当下的）——

B. 投资分析（可行性分析）——

C. 投资回报（确定的和可预期的）——

1.2　招人容易，找人很难

说来也巧，就在上一节那位咨询者跟我做gap review的前一天，一位咨询者在“在行”App上跟我请教“如何跳槽到大厂（阿里巴巴、腾讯、美团等）”，TA在咨询背景中写道，多次参加大厂的面试，但总是“一轮游”，希望我帮TA分析一下。

考虑咨询者的隐私问题，具体的分析就不分享了，这位咨询者的问题已经通过咨询解决了，但是，面试“一轮游”这种事情是很多职场人都经历过的，而且几乎都是“不明原因”的，这个时候，作为职场人的你，就要学会理解和判断自己和所面试公司的博弈关系。

1.2.1　找到人是小概率事件

我在阿里巴巴、美团等互联网大厂做招聘工作的时候，经常会碰到这种情况：

招聘员工的信息发出去以后，投递的简历像纸片一样瞬间涌过来。但是经过HR和业务部门的层层筛选后，只有个位数的候选人简历最终进到我的邮箱，如果数量是零，接着又得开始新一轮的“发布+筛选”工作，而我只能提醒业务部门加快进度。

这个过程，对应起来就是很多职场人会发现投递到大厂的简历杳无音信。

实际上，即便是最终有幸拿到大厂Offer的候选人，入职的过程也异常漫长、艰辛。

比如，我辅导过的一些咨询者最终拿到了阿里巴巴、抖音、美团等大厂的Offer，有些人前前后后面试了4～5轮，整个过程历时1个多月；有些人见了7～8位面试官，回答了几十个问题。

也许你会纳闷，现在招聘时应聘者那么多、招聘方式那么丰富，为什么招一个人那么难？其实，如果你站在公司的角度看就会发现，招人并不难，难的是找到合适的人。

任何一家公司搭建人才体系，“选人—用人—育人—留人”四步都是必经之路。选人作为第一步，就成了HR、用人部门和老板们最为看中的源头，因为它几乎决定了人才体系的基石，又直接影响人才的后续培养和发展。

但是，在选人上，也不能无差别对待，那样就会有了公平、失了效率。

所以，就有了一个不成文的规则，虽然人不分三六九等，但是人才是可以分上下高低的——对于那些于公司运营和业务发展极为重要的人，就需要动用一切力量和资源去找到他们，比如借助高端猎头、内推奖励等。

三军易得、一将难求，虽然找到他们是一个小概率事件，但是因为他们关系公司和业务的核心利益，尽可能多地投入力量和资源去“找人”，就变得很值得。

反之，如果不是于公司运营和业务发展极为重要的人，一般来说也不用投入太多力量和资源去“找人”，往往通过正常的招聘信息和招聘渠道就可以“招到人”。

最终，在如何选人这件事情上，大致也可以遵循著名的“二八定律”：

找人——动用80%的力量和资源，找到Top20%的人才，他们会创造80%的公司业绩；

招人——动用20%的力量和资源，找到剩下80%的人，他们会创造20%的公司业绩。

这也就解释了为什么找到合适的人才是一个小概率事件，因为这类人很少。

1.2.2 “你是谁”决定了博弈关系

回到开头提到的面试“一轮游”，如果不考虑个人的具体情况，只看普遍性的通用问题，有一点是不得不面对的，那就是优秀公司一定是多“找人”，少“招人”，特别是国内的这些互联网大厂。

在选人这件事情上，多“找人”就意味着只有少数真正符合要求的人才才能进入这类优秀公司，相对应地，就会出现很多简历“见光死”和面试“*N*轮游”的情况。

不过，也不用特别担心，从某种程度上说，也正是这种异常严苛的“找人要求”和十分激烈的“找人竞争”，让进入大厂等名企工作成为一种优秀职场人和稀缺资源的象征，激励后来者。

所以，在面试候选人和公司的新型面试关系中，“你是谁”最重要，决定了双方的博弈关系。

为了让大家更容易理解这种博弈关系，有必要引入两个经济学的概念——买方市场和卖方市场。当某种商品供过于求时，卖主之间竞争激烈，买主处于主动地位，这就是“买方市场”，反之，当商品供不应求时，买主之间争先恐后，卖主就处于主动地位，即“卖方市场”。

在公开、正常的人才市场中，如果你是某个领域Top20%的人才，那么显然，你这个“商品”是供不应求的，想签你的“买主”纷纷来“找你”，向你抛出橄榄枝，你这个特殊的“卖主”就变得很“抢手”，在和“买主”的博弈关系中，你自然就占据了优势地位。

但是毕竟Top20%的人才是少数，在人才市场中，绝大多数职场人都是Top20%以外的人才，那么，如果你是这类人才，很显然是供大于求的，想签你的“买主”不用费劲“找你”，挂个招聘信息就能“招到”一大堆，你这个特殊的“卖主”就要想办法和其他“卖主”激烈竞争，至于最终选谁，很大概率是由“买主”说了算，在这种博弈关系中，你就不占优势。

举个例子，我在写这一章节的时候，正好在苹果官方网站的招聘页面上发现苹果特殊项目团队（Special Project Group）发布了多个职位的招聘信息（图1-1），其中大多数职位要求应聘者有电气工程专业的教育背景，甚至还提到汽车行业从业者优先。

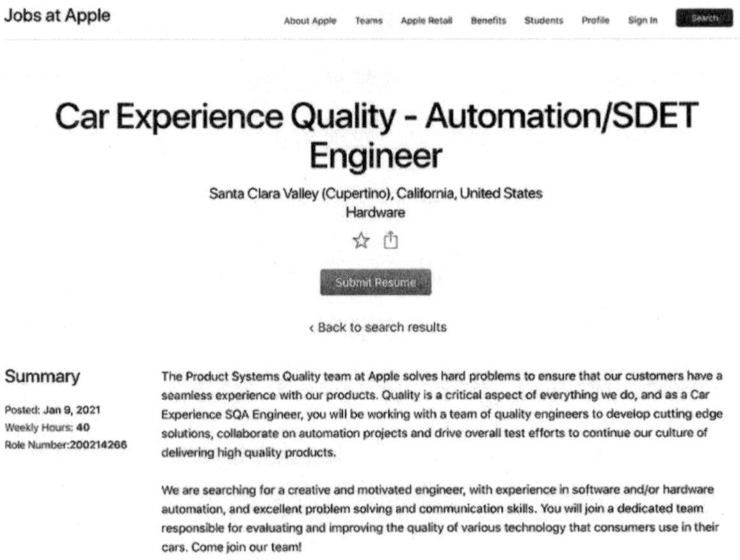
Jobs at Apple

About Apple Teams Apple Retail Benefits Students Profile Sign In Search

Car Experience Quality - Automation/SDET Engineer

Santa Clara Valley (Cupertino), California, United States
Hardware

Submit Resume

‹ Back to search results

Summary

Posted: Jan 9, 2021
Weekly Hours: 40
Role Number:200214266

The Product Systems Quality team at Apple solves hard problems to ensure that our customers have a seamless experience with our products. Quality is a critical aspect of everything we do, and as a Car Experience SQA Engineer, you will be working with a team of quality engineers to develop cutting edge solutions, collaborate on automation projects and drive overall test efforts to continue our culture of delivering high quality products.

We are searching for a creative and motivated engineer, with experience in software and/or hardware automation, and excellent problem solving and communication skills. You will join a dedicated team responsible for evaluating and improving the quality of various technology that consumers use in their cars. Come join our team!

图1–1　苹果特殊项目团队发布的职位招聘信息

这一团队的最高领导是Doug Field，他曾于2013—2018年在特斯拉任职，主导了特斯拉Model 3的量产工作，最高职位是工程高级副总裁。2018年他加入了苹果，领导特殊项目团队，职位是副总裁。

苹果将这一团队命名为“特殊项目团队”，还聘请了特斯拉原工程高级副总裁当主管，显然这一团队很可能就是苹果的造车团队——据说2023年会发售首款苹果汽车。

试想一下，如果苹果真的在组建造车团队，面向全球招募优秀的职场人，这个团队想“找到的人”一定是某个领域Top20%的人才，甚至更顶尖，如果你是这样的候选人，显然苹果是特别需要你的，一定会想尽办法找到你。

在这场没有终点的职场博弈中，从面试那一刻开始就已经暗藏了潜规则——面试候选人和公司，更需要对方的一方一定会千辛万苦找到对方。让自己成为公司“要找的人”，这种情况不会平白无故地发生，归根结底都取决于“你是谁”。

练习作业：我希望猎头/HR能主动找到我，向我推荐不错的Offer，凭什么呢？

A. 行业竞争分析——

B. 岗位竞争分析——

C. 专业竞争分析——

1.3 告别雇佣，互利合作

在本章第1节，我说到要用投资的眼光和心态去认识、分析一个面试的Offer，这样才可能看到职业选择的利弊，知道轻重。

在本章第2节，我又说要用博弈的思维和心态来判断、理解面试中双方的关系，这样才可能抓住稍纵即逝的职场机会，知道进退。

在本章第3节，我就得说说要在面试以及之后的职场中真正做到互利合作，建立起这种新型的职场关系，才能够在职场走得长久，知道长短。

1.3.1 不确定性冲击传统雇佣关系

我在互联网大厂工作的时候，碰到过好几个同事跟我抱怨TA的老板。其中，出现的一个高频吐槽理由是已经帮老板干了那么多活儿了，老板还是不满意，总是横挑鼻子竖挑眼，搞得自己也不想继续干了。

开了职业咨询事务所以后，碰到的关于这种问题的咨询更多了，虽然各有各的具体问题和场景，但是矛盾的关键点都指向咨询者和管理者。

深入地聊下去之后，我发现个别案例是真的碰到了比较奇葩的管理者，但绝大多数案例中问题的根源都在职场人自己的心态上。

比如有人认为是老板招了自己，让自己做什么自己就做什么，自己不用做那么多；有人认为碰到好的老板就好好合作，碰到不好的老板就得过且过……

为什么会出现这些想法？最根本的原因，就是当事人潜意识里认为公司、管理者和自己只是简单的雇佣和被雇佣的关系，除此以外，并没有其他关系。

然而，职场关系发展至今，雇佣和被雇佣的关系已经是最脆弱的关系，不断被各种不确定性冲击，建立在此基础上的合作不堪一击。

在我看来，至少有三种变化在冲击着这种雇佣关系，我曾在微信公众号“灿哥和朋友们”上推送过相关文章：

一是社会和职场的环境、文化更加开放。社会和职场从原来普遍追求“科技精英、创业英雄”逐渐转为追求“自由多元、兴趣至上”。

二是新经济结构在形成。伴随着旧的经济结构的瓦解，一批旧的职业在消失，或者失去了价值，与此同时，新经济结构的形成也注定会有一批新的职业诞生。

三是消费观念在变化。原来更多是以占有为目的的物质性消费，在全国甚至全球买买买，而现在更多是以体验和互动为目的的精神性消费，人的情感因素、人性因素更加重要。

在这三种充满不确定性的变化中，雇佣关系，既不可能让职场关系和合作长久维持运转，也不可能深度参与和影响职场人的共同利益、共同价值观。

于是面临的更多情况是在岗时雇员和雇主各有各的想法，很难力往一处使，雇员离职后也不再和雇主联系，雇员和雇主之间形同陌路，即便不删除微信好友，也只能成为“僵尸好友”。

之前有一项不完全的统计结果显示，“80后”职场人的平均跳槽周期是2～3年，而“90后”职场人的平均跳槽周期已经缩短到1年左右。也就是说，如果还是按照传统的雇佣关系去理解和经营职场关系，那么这种职场关系的存续时间就会变得越来越短。

如果一定要给这种雇佣关系和雇佣心态找一个源头，那么非面试不可，因为一个职场人接触一家公司最早建立起来的印象和形成的判断就是从面试开始的。如果候选人从一开始就认为自己是来为公司打工的，而不是为自己工作、为客户创造价值的，那么，这种雇佣关系和雇佣心态几乎就会伴随该候选人的这一段职业生涯，直到TA真正发自内心地认为职场关系是互利合作的，人人为我，我为人人。

1.3.2 建立互利合作的职场关系

讲一个我自己的真实故事。

我建立了职业咨询事务所后，不论是通过线上直播，还是通过线下活动，我每天认识的新朋友比原来在大厂工作的时候多很多，他们来自各行各业、天南海北，还有很多在国外，刚开始自然不熟悉，怎么办？这时候我都会主动问一句：“你好，有什么我可以帮你的？”

然后大家就像打开了话匣子一样，你一言我一语地开始沟通和交流，有表达困惑的、有寻求帮助的、也有咨询建议的……总之，关系就这么愉快地建立起来了，并逐渐走向深入。

更重要的是，我没有把这句话当成套话，而是早就将其内化成为一种职业习惯和行为，因为我是真的欣赏这句话背后的职场心态，赞赏这句话背后的新型职场关系。

第一，这种新型职场关系是利他的、互助的。用前司阿里巴巴的话说，这种关系就是“人人为我，我为人人”，每个职场人既是奉献者，也是享受者。而传统的雇佣关系更多强调和体现单向性，即被管理者拿钱干活儿，管理者发钱派工。

第二，这种新型职场关系是平等的、联结的。因为是平等和合作的关系，所以大家更容易抛弃各自的小立场、小利益，转而思考如何推动协同和获得结果，以终为始。而传统的雇佣关系更多的是上下级关系，从一开始就让双方站在了不同的利益方。

第三，这种新型职场关系是信任的、开放的。在传统的雇佣关系中，双方都很难敞开心扉、畅所欲言，越是这样越不可能给予彼此信任，长此以往，积重难返。而这种新型职场关系一开始就是因为信任，所以简单，因为信任，所以开放。

所以，职场人最好从面试时就抛弃雇佣思维，开始积极展现自己的这种互利合作的心态，寻求建立这种开放共赢的关系，如果面试公司也拥有这种价值观和工作氛围，双方一定是可以快速识别的。

其实，这种互利合作的心态不仅仅是职场中所需要的，它更能反映出最基本的两个问题——你是什么样的人、你具备什么样的职场品行和特质，这点会在第5章“面试战术篇：先亮价值，后亮底牌”中详细讲解。

这也是为什么越是优秀的公司和知名企业，越是寻找高级别的职场人，它们都会不约而同地关注候选人的职场技能和职业绩效，更关注候选人的职业价值观和职业动机。一旦候选人的职业价值观和职业动机出了问题，几乎是一票否决。

练习作业：试着建立互助性职场关系，从这三件小事做起。

A. 回忆三件你帮助其他职场人的事——

B. 分享三件其他职场人帮助你的事——

C. 记录下帮助别人和被别人帮助的感受——

第 2 章

面试动机篇：迷你（mini）政治，自我审视

面试动机是所有HR都关心的问题，越是优秀公司的HR，越会想方设法搞清楚候选人为什么想加入自己所在的公司。

不过，让我觉得遗憾的是，很多参加面试的候选人没有给予这个问题相应的重视，因此导致面试失败，在我接手的职业咨询案例中，这种情况屡见不鲜。

为了让候选人更深刻地理解面试动机的重要性，以及面试动机对面试结果的影响，我从心理学、行为学、社会学的观察视角进行分析，引用了一些职业咨询辅导的成功案例（隐私部分已抹去），力图帮助候选人探索清楚自己的面试动机。

就个别人来说，他的行为的一切动力，都一定要通过他的头脑，一定要转变为他的愿望和动机，才能使他行动起来。

——恩格斯

2.1 参加面试，也有动机吗?

2020年初暴发的新冠肺炎疫情，使很多职场人的工作受到影响，找我咨询职业经营和职业发展问题的职场人一下子增加了很多，其中有不少咨询者来找我咨询高薪人才的面试问题。

咨询的问题五花八门，有的是咨询如何谈薪的，有的是咨询如何准备面试的，有的是咨询如何提高自我优势认知水平的，等等。我能感受到他们对所要面试的这份工作比较满意和渴望，我也特别高兴自己在这些事情上能够帮到他们。

虽然看上去这些都是很紧急且重要的事情，要立刻行动起来，但是，他们向我咨询时，都是从一个非紧急但重要的问题开始的——“你为什么要参加面试？”

2.1.1 “你为什么要参加面试？”

“你为什么要参加面试？”，就是这样一个问题，居然难住了很多咨询者。

我做了一个不完全的数据统计，在被问到这个问题的咨询者中，70%左右的人不知道如何回答，或者不知道如何准确地回答；20%左右的人可以回答出一些相关的考量因素；而只有10%左右的人可以有层次、有逻辑地清晰回答。

让我们先来看看这三类回答中比较有代表性的一些回答（隐私部分抹去）。

咨询者a："因为现在的工作有了调整，我们部门受到了影响，自然要考虑跳槽了。"

咨询者b："因为这个岗位性价比一般，收入有限，未来收入增长也有限，需要调整一下。"

咨询者c："因为个人的职业发展规划和公司的未来发展存在不可调和的矛盾。"

很显然，咨询者a代表了70%左右的人，他们的回答有共同点，可以简化为公式：因为某种外部因素导致我受到了影响，面对这种不利的影响，我选择跳槽看看外面的机会。

咨询者b代表了20%左右的人，他们的回答的共同特点是比较专注于自己看中的职场因素，比如职业发展、职场进修、职位升迁等，可以简化为公式：因为自己看中的某种因素受到了影响，面对这种不利的影响，我选择跳槽看看外面的机会。

咨询者c代表了10%左右的人，他们的回答会结合外部的因素和自己看中的因素，并且他们能够进一步拆解内外部因素，对各种因素的权重、优化空间、调整可能性等做一个综合性的梳理，最终得出一个关键结论。

也许你认为咨询者c的回答已经是很棒的答案了，没错，相比于咨询者a和咨询者b，咨询者c回答得确实已经很好了，只不过咨询者c的答案属于如何决策的范畴，并没有回答为什么要参加面试，因为"为什么要参加面试”属于动机的范畴。

举一个朋友的例子，TA在现在的公司和岗位上已经工作了3年多，各方面都有向上空间，可以继续干，这时候TA遇到了一个进大厂的机会，和现在相比，各方面有好有坏，从决策角度看一时难以下定决心，于是TA找到我咨询。

以下是我们的一段对话内容（考虑隐私，已简化处理）。

朋友：“因为这个面试是进大厂的机会，如果不是大厂我就压根儿不会考虑。”

我：“为什么会考虑一个大厂的面试机会呢？”

朋友：“因为大厂除了有品牌效应，还可以给我更多学习和发展的空间。”

我：“为什么在评估面试的机会时需要考虑学习和发展空间呢？”

朋友：“因为我的职业价值观就是把职业成长放在第一位啊。”

我：“所以我可以理解为，因为你追求职业成长，现有工作如果能提供比大厂更多的职业成长空间，那你就不会跳槽；如果相反，你就会考虑大厂的机会。”

朋友：“对对，所以下一步我要去分析对比一下两边能给我的职业成长空间。”

我：“恭喜你，你已经知道了答案！职业成长空间也有很多细分的纬度，我建议你多考虑一下这两家公司的核心业务和战略规划，它们对你的职业成长空间影响最大，面试的时候，HR和业务部门的领导也一定会重点跟你谈这个。”

看完我和朋友的对话，感觉怎么样？如果把这段对话和刚才那个不完全的数据统计进行对比，就会发现，追求职业成长是触发和驱使我这个朋友参加面试的动机，在这个动机之下，才有两个职业机会的分析和对比，以及最后的决策。

虽然职业成长不是职场人一致追求的面试动机，但是每个职场人选择面试一定都有自己的动机，而且是仅属于自己的面试动机。

2.1.2 找到你自己的面试动机

从行为学角度看，动机是指推动人行动的内在力量，它是引起和维持个体行为并将此行为导向某一目标的愿望和意念。

很显然，一个候选人准备和参加面试也一定是由某种内在力量引发和推动的，比如，前面提到的我那个朋友的内在力量就是追求职业成长；并最终希望完成某一目标，比如，我那个朋友的最终目标就是在现在的工作和大厂的Offer之间做出更符合自己职业成长性的选择。

这里需要注意一点，就像我那个朋友一样，拿到Offer并不是所有面试的唯一目的，还有更多其他目的，本章第3节会说到面试目的。

那么如何才能找到自己的面试动机呢？

从心理学上讲，人的行为是由动机支配的，而动机是由需要引起的，没有需要就不可能产生动机。但是，并不是任何需要都能成为动机，只有需要指向一定的目标，并且展现出达到目标的可能性时，需要才能形成动机，才会对行为有推动力。

由此我们可以概括出找到自己面试动机的方法：第一步是梳理出自己参加面试的需要是什么，可能包括若干种需要；第二步就是从这些需要中找出最终可以帮助自己实现目标的需要。

还是以我前面提到的那个朋友为例，TA参加大厂面试的需要是判断大厂的工作机会是否能够让自己获得更大的发展空间，由此而来的目标是可以进一步提升薪酬，实现职位晋升，扩大管理范围，有更大的职业成就等。

这样来看，TA的需要与由此带来的目标一致的地方是TA对职业成长的追求，那么基本可以肯定，TA参加职业面试的动机就是追求职业成长。

相反，如果TA一边说想实现职业成长，但是最终目标只有收入增加了，而其他各方面都没有进步，甚至是倒退的，那么我们就不能说TA的面试动机是追求职业成长，而只能说TA的面试动机是加薪。

所以你会发现，面试动机确实带有一定的迷惑性和隐藏性，需要我们认真识别，否则我们很容易被自己欺骗，这也是为什么几乎所有找我咨询职业问题的咨询者，我都会先辅导他们找到属于自己的面试动机。

与此同时，一个职场人的面试动机具有阶段的稳定性。也就是说，一个职场人的职业需要和由此而来的目标是会持续一段职业时间的。比如向我咨询的一个年轻的咨询者，工作4年跳槽了3次，TA的职业需要是赶紧赚钱，加薪就成了对应的跳槽目的，这种情况很容易被识别出来，面试的动机就是加薪。

也恰恰是因为面试动机具有这种阶段的稳定性，才可以让职场人本人和他人跨过面试动机的迷惑性和隐藏性，真正地把面试动机识别出来。

练习作业：回忆自己某一次跳槽的动机，从需要和目标两方面思考。

A. 需要什么？——

B. 由此带来的目标是什么？——

C. 紧接着的入职实现这种需要和目标了吗？——

2.2　动机不纯，何必装纯？

看到这里，一定会有很多职场人想问一个问题：为什么我要找到自己的面试动机？

这是一个好问题，当你这么发问时，说明你已经开始认真思考了。在实际的职场中，很多人不知道自己的面试动机也一样可以工作。

但是，如果你的职业目标是成为优秀职场人和高薪职场人，那么你就需要很清楚你的面试动机。因为它一方面关系你的职场行为，另一方面会影响外界对你的判断。

2.2.1　为什么面试动机很重要？

在互联网行业，最看中面试动机的公司，我个人认为是我之前任职过的公司——阿里巴巴。

很多互联网行业的职场人都知道，想加入阿里巴巴是一件很难的事情，这种难主要来自两方面。一方面是录用比例，差不多是万里挑一，也就是说每录用1名员工就差不多有1万人参与这个岗位的竞争，难度由此可见。但是，这只是一种直观上的难，还有一种隐形的困难，恐怕是最令人不知所措的。那就是对价值观的考量，价值观是否达标直接影响你最终是否被录用。

而面试动机就是判断价值观特别重要的一点。比如，几乎所有能够进入阿里巴巴面试环节的候选人都会被问到这样一个问题：为什么要加入阿里巴巴（或者某子公司）?

其实不仅仅是阿里巴巴会问这个问题，几乎我所供职过和知道的所有优秀公司都会问这个问题。它的本质就是面试官在试图了解候选人为什么想加入自己所在的公司。

如果再思考得深一点，面试官为什么特别在意候选人的面试动机呢？有两个原因。

一是对于优秀职场人和高薪职场人来说，选择某个公司就是投资该公司，这一点已经在第1章第1节说过，那么相对应地，优秀公司选择某个候选人也是一种投资，是在人力资源和商业要素上的投资，这两点共同构成了职场人和公司之间的投资关系。

那么，对于优秀公司来说，投资某个候选人的成本很高（薪酬、股票、福利等），代价也很高（放弃其他优秀候选人等），期望的回报和投资收益也很高（工作的成绩、创造的价值等），在这种情况下，公司如果不了解清楚候选人的面试动机，那么一旦投资失败，公司的有形损失和无形损失都会很大。

二是对于优秀职场人和优秀公司双方来说，物以类聚、人以群分，所以，找到一帮志同道合的伙伴，一起做一些有意义、有价值的事情，就需要构建这种良好的职场氛围和职业环境。那么，对面试动机的准确了解就成了必要的门槛，而且越是优秀的公司，这个门槛就越高。

以阿里巴巴为例，不论是我加入的时候进行面试，还是我加入后再面试别人，面试官都会通过各种方法去了解候选人的面试动机。当然，这些方法都是合理、合法的，包括但不限于情景再现、压力测试、背景调查等。很多候选人最终遗憾落选，不是他们本身不优秀，而是他们的面试动机不纯。

那么，既然面试动机这么重要，是不是随便找一个面试动机说一说就好了呢？或者在网上找一个所谓的“标准答案”拿来用即可？

显然不是，面试官会用各种方法找到候选人真正的面试动机，剔除那些弄虚作假、不合实际的面试动机。即便候选人在面试中侥幸蒙混过关，真正的动机也会在日后的工作和长时间的接触中逐渐显露出来，一旦被认定价值观有问题，后果会很严重。

比如，曾经有一位咨询者在找到我的时候，已经基本确定拿到了某互联网大厂的Offer，就在我很好奇TA为什么找我咨询的时候，TA说自己因为太想加入那个公司，所以在面试的时候隐瞒了一些“不太重要的事情”，TA因为不确定这些“不太重要的事情”是否会影响自己最终的录用而找我咨询。

我听完TA的陈述后，很冷静且专业地指出TA的面试动机不纯，没有按照客观事实进行面试，虽然这些“不太重要的事情”算不上简历造假，一般公司也可能不会深究，但是这些“小事”最终还是会被发现的，并会被认定为面试的动机有问题。

果不其然，这个问题后面被发现了，TA最终没有收到录用通知书。这位咨询者按照我当时的建议，主动向面试官坦白了自己的动机问题，争取了最大限度的理解，最终才没有上黑名单——以后有合适的机会还是可以加入，这次就不予录用了。

所以，如果你的目标是成为优秀职场人和高薪职场人，在面试动机上恰恰需要坦诚地面对自己，这样才能真诚地面对其他人，关于这一点，我还会在“面试策略篇”中详解。

面试动机切忌不认真思考，随意作答，或者抄作业，完全不符合自己真实的职业需要。

2.2.2 常见的面试动机

那么，常见的面试动机有哪些呢？根据心理学和行为学的定义，一个人做某件事的动机由两部分组成——需要什么和指向一定的目标。

我给咨询者做职业辅导时，会跟咨询者一起来判断TA的面试需要和面试目标，并根据咨询样本数据统计出来四种常见的面试动机，分别是成功动机、权力动机、亲和动机、活力动机，下面依次解读。

成功动机：是否重视成败；是否有强烈的进取心；是否能想方设法地解决问题；是否愿意设定有挑战性的目标。

权力动机：支配欲望是否强烈；是否愿意承担领导的风险和责任；是否希望领导、管理、激励团队成员。

亲和动机：是否喜欢跟他人相处；是否喜欢与他人合作而非竞争；是否愿意花时间维护友好的关系。

活力动机：是否喜欢快节奏的工作；是否喜欢参与很多事情，并能保持精力充沛；是否喜欢保持忙碌的状态。

比如，因为找我咨询职业问题的咨询者绝大多数都想成为优秀职场人和高薪职场人，所以他们的面试动机中，成功动机和活力动机往往都比较强，而权力动机和亲和动机有强有弱，更多跟各自的职业特点有关。

这里要提醒一下各位职场人，动机无所谓绝对的好和坏，所以请一定要坦诚地面对自己的面试动机，不要自欺欺人。同时，有些动机是有正相关性的，比如渴望成功的人一般都很有活力，但是有些动机也是存在负相关性的，比如权力动机强的人往往亲和动机不足。

最重要的是，当你开始用这四种动机去思考和梳理自己的面试动机时，你会发现这四种动机往往会不同程度地参与进来，你的面试动机是一个动机的组合体，这很正常。

练习作业：以四种动机给自己的面试动机打分。

A. 得分最高的动机是哪一个？为什么？

B. 得分最低的动机是哪一个？为什么？

C. 得分为中间值的动机是哪几个？为什么？

2.3 面试动机后的目的

在我辅导过的职业咨询案例中，从男女性别来看，男性的成功动机和权力动机往往比较强，而女性的亲和动机和活力动机表现得比较明显。

这一点在社会学上也能得到验证。在社会分工中，男性往往更喜欢积极竞争的岗位，社会文化也鼓励他们获取成功和拥有权力；而女性往往更喜欢支持性的岗位，社会文化对此也比较认可。

职场人认清自己的面试动机后，就找到了自己的原动力。但是不论是何种动机以及动机组合，一旦真正接触具体的面试，动机背后的目的就出现了，而且同样的动机或动机组合，可能对应不同的目的。

2.3.1 面试目的在动机之后

这一部分略微抽象，我举一个职业咨询者的案例来说明。这位咨询者是在知乎公益直播看了我的直播后找到我的，然后付费向我咨询了3个月，系统性地解决了自我梳理、职业优势、目标岗位等核心问题。

如果用面试的四种动机来分析，很明显能看出来：TA希望事业上有所建树，喜欢挑战让自己兴奋的事情，愿意从事多样化的工作，渴望在工作中获得有形的成果和独特的成就……

概括一下就是TA的成功动机、权力动机和活力动机都比较强，亲和动机比较弱。

TA找我咨询是想系统性地解决自我梳理、职业优势、目标岗位等核心问题，最终实现争取大厂工作机会的目的。

事实上TA也确实做到了这一点。所以，通过这个案例，我们可以发现，面试动机和面试目的的区别还是很明显的。

第一，先有参加面试的动机，之后才有面试目的。

这位咨询者在找到我之前，就已经对自己的职业现状和未来发展有了一些初步的想法，并倾向于从外部寻找合适的发展机会，而不是通过内部晋升或内部转岗的方式。

因为TA本身的职业发展和竞争力还可以，再加上成功动机、权力动机和活力动机都比较强，所以TA找寻外部面试机会的动机就很强烈，找我咨询后对面试目的更清楚。

第二，面试动机是抽象的，面试目的是具体的。

TA的面试动机主要是寻求更大的成功、更强的领导力、更有挑战性的事情，这些都是抽象的，偏向于职业价值观层面，而真正的面试目的就是具体的了。

比如，TA有一次在回答面试官的提问时说道，希望能用3～5年的时间，成为某个领域Top级别的专家，这次面试的目的也是要判断一下彼此是否适合合作。

你看，这个面试目的是很具体的、可感的，但是这个目的背后有一个抽象的动机做支撑。往往动机越纯粹、越清晰，目的就会越有行动力和号召力。

第三，面试动机是稳定的，而面试目的是多样的。

前面说到，如果用面试的四种动机来分析，TA希望事业上有所建树，喜欢挑战让自己兴奋的事情，愿意从事多样化的工作，渴望在工作中获得有形的成果和独特的成就……

很显然，TA的成功动机、权力动机、活力动机以及亲和动机持续了相当长的一段时间，并不会因为什么原因而突然改变，比较稳定；而一种面试动机或者多种面试动机则会带来很多面试的目的，特别是职场人在面对很多面试的时候，每个面试的目的都是不同的。

从某种程度上说，拥有这些不同的面试目的是必要的。就像恋爱中人也抱有不同的目的一样，碰到不同的恋爱对象，只有多接触、多了解，才可能知道最终的正确选择。

往大了说，找工作很多时候就像找对象，本质上都是人的某种需要的外部投射。

2.3.2 面试目的复杂多样

每一个职场人抱有的具体的面试目的都是不同的，即便是同一个职场人，在面对不同的面试时，也抱有不同的面试目的，这都使面试目的变得复杂多样。

面试目的同面试动机一样重要，职场人在准备和参加面试时，要十分清楚自己的面试目的，这样才能更好地设计面试策略和运用各种面试技巧。

表面上看，面试的目的有志在必得型、骑驴找马型和试水练手型，特别是最后一种，优秀职场人和高薪职场人都会保持一定频次的接触。

但是从职业角度看，面试目的只有三种，分别是职业刚需、职业改善和职业转型，不同目的又产生不同的职业分析，这一点在下一章会详解。

从本质上看，每一次面试的目的都离不开钱、权、名，或者更有钱，或者更有权，或者更有名，结果往往是三者的动态组合。

练习作业：当你为某场面试做准备时，请写出参加这场面试的具体目的。

A. 表面目的——

B. 职业目的——

C. 本质目的——

第 3 章

面试准备篇：信息情报，多快好省

几乎所有候选人，当被通知要参加面试的时候，都会很开心，并且会认真准备。就像渴了要喝水、饿了要吃饭一样，这是一个常规的反应。

但是，应该如何准备，以及需要准备到何种程度，一方面候选人没有过往的经验可以借鉴，另一方面这些又对面试的质量、状态和结果都有影响，可以说牵一发而动全身。

这时应该怎么办？情报学中有一句经典语录——不打无准备之仗。本章就来揭秘优秀职场人和高薪职场人如何做好面试前的信息情报工作，带领大家感受商场如战场。注意：揭秘的视角有三个，分别是大厂面试官、高级管理者和职业咨询教练。

交流不仅仅是见面聚一下。像我与王健林、马云等好多企业家，我们并不是形式上的交流，而是看到对方的先进思想，接受过来。我觉得这就是最好的交流。

——董明珠

3.1 面试准备，从自己开始

每当我推开会议室的玻璃门，看到正在等待面试官的候选人，我都会先安抚性地问上一句："××同学，你准备好了吗？"

每当有咨询者找到我，寻求职场职业上的帮助，在正式进入咨询环节前，我也会礼貌性地问上一句："××同学，你准备好了吗？"

我的意思是，你真的准备好，开始迎接职业新起点了吗？现在正在面试的职位，真的是你喜欢、擅长且适合的职位吗？

3.1.1 面试准备的常见误区

我们一起来回忆一下下面这几个案例中的情况：

朋友a，当知道自己即将参加某公司的面试时，立刻找到了帮自己内推的朋友，详细询问了关于面试的一切问题，甚至还包括面试官可能的面试风格……

同学b，在被通知最近几天有一场电话面试后，花了大量时间在网上找了各种面试攻略，还特意花了很多精力研究所面试公司的基本情况，做了针对性的预案……

咨询者c，找到我约咨询的时候正在准备某大厂的业务面试，而之前准备的面试技巧只能帮TA过HR那一关，对业务关则毫无头绪，可以说是一团乱麻……

怎么样，看完这三个真实的案例有什么感觉？是不是感觉好像都缺少点什么东西？没错，缺少了一个准备面试时最重要的维度——准备自己。

朋友a侧重准备面试的问题，当然，这很重要。但是，很有可能朋友帮TA内推的岗位，TA并没有很喜欢，只是觉得各方面都不错，挺适合的。

同学b侧重准备所面试公司的情况了解，当然，这也很重要。但是，这样一份TA挺喜欢的工作，实际上并不是很适合TA，比TA更加合适的候选者大有人在。

而咨询者c侧重准备所面试公司的业务面试，这当然也很重要。同样的，TA很喜欢这份工作，也确实擅长做这份工作，不然HR也不可能找上TA。但是，TA在咨询后发现，有更加适合自己的岗位和行业，TA也很喜欢和擅长。

就像绝大多数求职者一样，他们三位侧重准备的面试问题、公司情况了解和业务面试，确实是接到面试通知后会重点准备的，这一点，本身并没有什么问题。

问题是，他们都忽略了自己喜欢做什么、适合做什么和擅长做什么等重要因素。如果缺少了这个层面的准备，求职者是不太可能找到令自己心动的Offer的。

简单来说，这是因为对于优秀职场人和高薪职场人而言，越了解自己的职业喜好，了解自己擅长和适合的职业，越能把握好外部的行业、公司、岗位等。

如果一定要给这种现象找一个理论依据，我认为是在职业上的这种向内求索远比一上来就向外求索重要。当然职业发展也离不开向外求索，但是，只有非常坚定和自信地向内求索，向外求索才能圆满和自如。

3.1.2　向内求索，最优准备

在实际的职场和我经手的咨询案例中，有相当多的职场人都不知道自己喜欢什么职业，擅长什么职业，以及适合什么职业，其中不乏优秀职场人和高薪职场人。

而对于面试候选人来说，如果在加入一家公司前没有搞清楚这些问题，那么往小了说，在今后的职业生涯中TA一定会碰到一些职业困境或感到迷茫，那时候TA可能会怀疑自己是不是不适合这份工作，可能也不知道自己职业的价值是什么。

我在互联网大厂工作了10年，看见过很多这种案例，在做职业咨询的过程中也碰到过类似的情况。比如，有人工作得好好的，突然辞职休养了，或者跳槽转行了，看上去是突然的，但只要深入了解一下就知道原因了，多半都是职业理想不清楚，在职业现实的冲突之下，矛盾、纠结、挫败，直到最后放弃。

往大了说，因为职业会占据我们人生一半以上的时间和精力，职业上的这种潜在危机会成为生活中的定时炸弹，一旦爆炸，会增加很多的人生变数。

英国小说家毛姆在自己的小说《月亮和六便士》中讲述了这样的故事：原本平凡的伦敦证券经纪人思特里克兰德，生活富足，家庭美满，他突然想画画，于是抛妻弃子，绝弃了旁人看来优裕美满的生活，奔赴南太平洋的塔希提岛，用画笔谱写出自己光辉灿烂的生命，把生命的价值全部注入绚烂的画布里。

虽然《月亮和六便士》只是一部小说，但是主人公的故事确实改编自真实的故事——法国印象派画家保罗·高更的人生经历，他在年轻的时候做过海员，后成为一名股票经纪人，再后来开始学画画并最终成为一名职业画家。

毛姆的这部小说之所以享誉海内外，就是因为他通过这部小说让人们开始意识到在理想和现实的双重考量中，对职业乃至人生坚持向内求索的重要性。

再回到职场中，对于一个立志成为优秀职场人和高薪职场人的候选者而言，最典型的向内求索至少包括这样三个问题：有什么？要什么？愿意付出的代价是什么？——这也是阿里巴巴在新人入职的时候抛给新职员的“灵魂三问”。

有什么？即喜欢什么、擅长什么、适合什么。

要什么？即第2章谈到的面试动机和面试目的。

愿意付出的代价是什么？即那些艰难的决定，后文会详细说明。

试想一下，如果一个职场人在面试的时候就已经把向内求索的“灵魂三问”想清楚了，那么这个候选人整体呈现的面试状态将会是自信不自满、自知不自足的，这是一种特别良好的候选人精神面貌，对于优秀职场人和高薪职场人来说，尤其不可缺少。

3.1.3　找到“喜欢+擅长+适合”的职业

换一个角度来看，如果你的面试官、所面试的公司都希望找到对的人——喜欢、擅长、适合这个岗位工作的人，而这个岗位的工作对你来说，也正好是你喜欢、擅长、适合的，那么你与这个岗位的匹配度就是最高的，你从面试竞争中胜出的概率也是最大的，对不对？

事实上，越是优秀的公司和知名的企业，越是希望候选人真正喜欢、擅长和适合所招聘岗位的工作，这才是知人善任的最高境界——精准招聘，它是一种综合考查候选人的能力、个性，并与传统的面试技术相结合的更为专业、科学的招聘模式。

接下来就是如何找到自己“喜欢+擅长+适合”的职业。我之前听过一种较为形象的演示方法，即分别把喜欢、擅长和适合的职业用三个圆圈代表，三个圆圈交集的部分就是符合“喜欢+擅长+适合”标准的职业。

这种演示方法看上去正确无比，但是它有两个巨大的bug（漏洞）：

一是如何找到自己喜欢的职业、擅长的职业和适合的职业呢？毕竟不是每一个面试候选人都清楚地知道这三个问题的答案，反过来说，如果一个面试候选人已经很清楚这三个问题的答案，那么TA找到三者的交集，也就是心中最理想的职业就不难了。

二是即便已经找到了自己喜欢的职业、擅长的职业和适合的职业，对三类职业倾向的程度以及不同倾向的组合也是不一样的，也就是说，对三类职业倾向的程度不是0和1二选一的关系，也许是从0到10中选择一个数值进行代表的关系。

于是这种演示方法就成了一种正确的废话，非常缺乏实操性，近乎是一个伪命题。

所以，我在自己的职业经营和职业发展过程中没有采用这种方法，对于来找我咨询的咨询者，我也不优先建议使用这种方法，反而会建议各个击破，直达本质，然后寻找共性。

关键在于各个击破——评估自己对面试职位的喜欢程度、擅长程度、适合程度：

首先是找到那些你确实很喜欢的事情——在没有回报，或者回报和付出明显不对等的情况下，你还愿意坚持做的事情就是你喜欢的事情。

比如，在我接受职场咨询时，我都会先发一个信息采集表给咨询者，然后结合咨询者的简历、职务作品等重要资料对咨询者进行初步判断，很明显可以发现，有些咨询者很喜欢自我梳理和复盘，而有些咨询者不喜欢自我梳理和复盘。

那么，在这种情况下，如果面对的是一个对自我梳理和复盘要求很高的岗位，不喜欢自我梳理和复盘的这类咨询者最好不要考虑，因为这是职业个性偏好的问题，一时半会儿改不了，改起来也会很痛苦、很漫长。

相反，如果是一个你很喜欢的职位，即便是在回报不多甚至几乎没有回报的情况下，你依然愿意投入巨大的热情、时间、精力等，会不断想方设法做得更好，在这种近乎本能的驱动下，你会逐渐显露出自己的优势和特质，别人望尘莫及。

这就是选择自己喜欢的职业的好处。关于这一点，还有一个特别著名的问题——爱一行干一行，还是干一行爱一行？

我刚进入职场的时候，选择的是“爱一行干一行”。理由是如果都不喜欢一个行业和岗位，你怎么可能对它投入巨大的热情、时间、精力等？也就是说，驱动我选择职业的动机之一是喜欢和热爱。

我在互联网大厂工作几年后，发现也有一些人选择的是后一种，就是既然干了这一行就要干好，否则别干。我一开始还挺纳闷——难道不是喜欢和热爱一行才会选择干一行吗？后来我才逐渐看清楚、想明白，原来驱动他们选择职业的动机是责任和投入。

所以后来我认为，无论选择这两种情况中的哪一种，都可以成为优秀职场人和高薪职场人，只不过这两种情况都离不开“爱”，也就是热爱和喜欢，区别在于，前者是本来就热爱和喜欢，后者是因为责任和投入而热爱和喜欢。

所以，请先找到那些确实很喜欢的职业要素吧。不过，需要补充的是，我这里说的喜欢不是那种三分钟热度、可有可无的喜欢，而是稳定、积极的喜好和偏好，它应该是被尊重和被关注的个体感受和偏向性倾向。

其次是找到那些你确实很擅长做的事情——可以回顾一下自己的过去（职场中、人生中），那些对你来说很容易、经常做成的事情就是你很擅长做的事情。

比如，有一个跟我咨询的学员很擅长做一些具有挑战性的事情，我是怎么发现的呢？我们在一起复盘TA过去的职业经历和成长经历的时候，发现每个阶段都有一些对TA特别重要的事情，比如挑战马拉松成功、挑战工作困境成功、挑战高水平绩效成功等。对TA来说，擅长做有挑战性的事情已经内化成职业特质。

所以，当用这种我称之为“回忆录式”的方法，找到自己过去的职业生涯和人生经历中那些独特而又高频出现的特质时，它们往往会告诉你什么是你擅长做的事情。

这个方法的本质就是著名的“路径依赖”理论。最先让“路径依赖”理论声名远播的是道格拉斯·诺思的《经济史中的结构与变迁》一文。由于用“路径依赖”理论成功地阐释了经济制度的演进，道格拉斯·诺思于1993年获得诺贝尔经济学奖。

诺思认为，“路径依赖”类似于物理学中的惯性，事物一旦进入某一路径，就可能对这种路径产生依赖。这是因为，经济生活与物理世界一样，存在着报酬递增和自我强化的机制。这种机制使人们一旦选择走上某一路径，就会在以后的发展中不断得到强化。

“路径依赖”理论被总结出来之后，人们把它广泛地应用在选择和习惯的各个方面。在一定程度上，人们的一切选择都会受到“路径依赖”的影响，人们过去做出的选择决定了他们可能的选择，人们关于习惯的一切理论都可以用“路径依赖”来解释。

职业的经营和发展更是这样，一个职场人走到某个阶段、达到某种水平，一定是过去的成功路径和失败路径共同作用的结果。

所以，找到自己过去的那些成功路径，就很容易找到自己擅长做的事情。但是，过去的成功经验和成功路径，也可能不适合新环境和新职业，这就是创新和成长需要的“反路径依赖”，很多时候需要自己不断提醒自己。

最后是找到那些你确实很适合做的事情——那些你自己比较满意的，存在于你的舒适区范围内的，外界对你也比较满意的事情，往往就是你很适合做的事情。

比如，我2020年开始在知乎上做直播分享，也在视频号上做公益直播，在我的直播间“灿哥和朋友们”（图3-1），每周固定时间我都会聊一个职场人的话题和利益点，不到半年时间我就成了知乎职场类直播的头部主播。我曾在我的微信公众号“灿哥和朋友们”上总结过经验，其中特别重要的一点是我很适合做直播，不仅我自己觉得适合，我周围的朋友、咨询者和看我直播的粉丝们都认为我适合做直播。

图3-1　“灿哥和朋友们”在知乎上的公益直播海报

我为什么适合做直播呢？因为我个人的风格就是坦诚相待（真诚）、言之有物（有干货），而把这种真诚和有干货的状态移植到直播中是最适合的，直播就是经营信任关系，而信任的前提就是需要真诚和有干货。

相反，我也看到过很多职场人和咨询者，在做着不适合自己的职业或者事情，看上去就很费劲，过程不满意、不享受，结果一般也不好。

说到底，做适合自己的事情就是活在自己的舒适区范围内——和很多人不断鼓励别人打破舒适区和跳出舒适区不同，我一向旗帜鲜明地主张就要做自己舒适区内的事情，不过我同时一定要加上一句，要不断扩大自己的舒适区。

这是因为，只有做自己舒适区内的事情，才会既享受过程，又能获得好的结果。这是一种特别明确的正向反馈，有了这种正向反馈，才能激励自己做得更好，调整出更好的状态，获得更大的成果，从而形成良性循环。

而不断扩大自己的舒适区，就可以让自己享受到更多的成长，获得更大的成果，这本身就是一种职场能力不断提高和职业优势不断扩大的过程，不过也不用步子迈得太大，否则可能会造成不必要的危险。

2019年在中国上映的纪录片《徒手攀岩》就说到了这样处理舒适区的重大价值。该片记录了美国攀岩大师亚历克斯·霍诺德2017年6月3日无辅助装备徒手攻克美国约塞米蒂国家公园900多米高的酋长岩的全过程，共用时3小时56分钟。

在有辅助装备的情况下，攀爬900多米高的酋长岩都不是一件容易的事情，更何况是在毫无辅助装备的情况下，亚历克斯·霍诺德面对的压力和挑战可想而知。他最后选择的训练方法是先借助辅助装备建立心理舒适区，然后脱离辅助装备扩大心理舒适区，最后一截一截克服攀爬的阻力位置，将心理舒适区扩大到整条攀爬的路线，他就这样成功地完成了全程的攀爬。

所以，面对如此巨大的压力和挑战，亚历克斯·霍诺德选择的不是打破舒适区，或者跳出舒适区，而是不断扩大自己的舒适区，因为只有永远待在自己的舒适区范围内，心理上的安全感指数和物理世界的安全系数才都是最高的。

好了，我已经用了很长的篇幅来说明如何找到自己喜欢的职业、擅长的职业和适合的职业，并进行了深入的思考，以及阐述了不同于以往很多说法的独立见解。

在你建立起喜欢的职业、擅长的职业和适合的职业的整个评价体系之后，将出现的面试机会放进体系中进行综合评估就行了，这就变得很简单了，不是吗?

最难的就是建立起这种完全个人化和职业化的评价体系。每一次的面试准备时间，都是一次难得的建立和打磨评价体系的时机，请不要浪费它们，现在立即开始吧。

3.2 要像商业情报专家一样去了解公司

在本书第1章“面试心态篇：新型面试关系”中，我旗帜鲜明地提出了三种新型的面试关系，面试候选人和招聘方之间是投资关系、博弈关系和互利合作关系。

那么当面试候选人已经像上一节说的那样准备好自己，紧接着非常重要的就是要仔细地了解招聘公司，因为它是你的投资对象、博弈对象和合作对象。

如果说准备好自己是“知己”，那么了解招聘公司就是非常重要的“知彼”，只有知己知彼才可能百战百胜。当然，还有两个“知彼”，分别是了解公司所在的行业，以及了解公司内部的岗位，下面两节会说明。本节先说了解招聘公司。

3.2.1 “聪明人”和“下笨功夫者”

我们先来看看很多人是怎么了解招聘公司的，你一定听说甚至经历过以下两种情况：

面试某个公司的时候，感觉一切都很好，对未来的职场生涯充满了信心，于是很快加入了公司。正当准备撸起袖子大干一场的时候，发现公司有很多之前没有发现的问题，而且有些问题会严重影响工作的正常推进……

这个时候，当事人会面临骑虎难下的局面：继续进行吧，有点后悔，未来还不知道有多少坑等着自己填；选择放弃吧，有点不甘心，花了好大力气刚刚进来，还要重新进行选择和准备。

这种情况下，有相当大比例的职场人会选择一种折中的“聪明”方案：先干着吧，骑驴找马呗，最多干1年，碰到合适的外部机会就立刻走人。

是不是觉得很熟悉？而且这种职场人往往还被认为是职场中的“聪明人”，碰到好处会抓住，碰到大坑会避开，好像总能左右逢源、如鱼得水。

真的是这样吗？因为我帮助过很多职场人做职业咨询，正好有一些基于真实案例的不完全统计：这种职场中的“聪明人”确实会有一两次的好运气，但是如果拉长职业周期来看，这些“聪明人”在职业的中期，基本上都在原地踏步，甚至明显倒退，好像那些好运气完全不会再眷顾他们了。

为什么会这样呢？有两个具体的原因：从短期来看，这些“聪明人”在面试的时候没有真正地了解和理解所面试公司的业务、产品和价值，而是被其他因素吸引，舍本逐末；从长期来看，这些“聪明人”没有在随后的工作中不断积累和成长，自己的商业价值和市场价值自然不会水涨船高。

与此同时，我也见过一些优秀的职场人和咨询者，他们从开始面试的时候就非常认真地了解公司的业务、产品和价值，把每一次面试的机会都当成一次深入交流的机会，不放过任何重要的问题。这种状态，有时候甚至会让我觉得他们好像不是来面试的，而是来谈合作或者来谈投资的。

没错，这些人确实不是来面试的，就像我所说的新型职场面试关系中的互利合作关系和投资关系，他们确实是来寻求合作和寻求投资的，既然是要跟所面试的公司进行人力资源合作，并用自己的时间、精力和选择成本进行投资，人家当然要搞清楚自己关心的核心问题。

于是，这些人会在面试前就提前查询和了解公司的业务、产品和价值，并在面试中适当地表达自己的判断和看法，寻求面试官的及时反馈。如果遇到不清楚的地方，或者略有疑惑的地方，他们还会反复进行求证，直到面试官问道："还有什么问题吗？"这时这些人已经没有任何问题，因为他们心中已经有了答案和判断。

所以你会发现，相比于那些职场中和面试中的"聪明人"，这些人似乎在用"笨功夫"一板一眼地了解和理解公司的各种有价值的信息，或者说商业情报。

当面试候选人呈现出这种"笨功夫"的时候，作为面试官，我心里非常清楚地知道，这个面试候选人做了认真准备，并十分珍惜这个面试机会，我反倒愿意多花时间去了解和交流；作为职业咨询教练，我也非常愿意帮助这种肯下"笨功夫"的咨询学员，努力帮助他们成长，取得成功。

所以从长期来看，最终的结果是"聪明人"得了一时的便宜，占了一时的运气，失去了长久的发展机会和更多人帮助的可能性；而"下笨功夫者"获得了绝大多数人的认可和帮助，既有了一时的运气，也开始积累，长久地经营。

职场中的“聪明人”和“下笨功夫者”不难识别，难的是准备面试的你选择做哪一类。这么一对比，答案毋庸置疑，一定是“下笨功夫者”比较好，但是真正到自己行动时，很多职场人还是选择做“聪明人”，不信你可以观察一下自己和周围的人。为什么会这样呢？因为很多人很难舍弃短期的一些诱惑，而去追求短期难以获得的延后满足。

如果你真的准备下“笨功夫”，那么欢迎继续看下去。如果你想做“聪明人”，想赚快钱和做短线，建议还是别继续看了，去找一些“速成术”之类的看看吧。

3.2.2　商业情报专家是怎么拿到商业情报的？

那么，怎么下“笨功夫”呢？我需要引入一个特别吸睛的职业——情报专家。

谍战片是很多人特别喜欢看的影视类型，原因有很多，其中一个最重要的原因是各种各样的正面间谍可以冲破重重障碍，拿到关键情报，最终获得胜利。

从人性和观众心理的角度看，谍战片中的正面间谍恰恰可以最大限度地满足人类的英雄主义情结，使大家产生一种对英雄的幻想和崇拜，所以谍战片很受观众欢迎。

但是，那毕竟是拍电影、拍电视剧，是一种艺术化的表达，而真正的间谍工作往往没有那么惊心动魄，反而需要周密且细致的准备，海量的分析和寻找，远远没有电影、电视剧中展现的那么精彩。这种巨大的反差，就像战争片往往充满了激情和热血，而真正的战争往往充满了烦琐的备战、等待和令人窒息的死亡。

从业务的角度看，真正的间谍工作只有是这样的，间谍才能拿到有价值的军事情报。同样的道理，商场如战场，有价值的商业情报也必须通过如此周密而细致的调查、统计、分析、采样等手段才能获得。

我举个真实的例子。别问是哪家公司，不重要，也别问我是怎么知道的，我不会说。

某个已经上市的公司被某个知名的做空公司做空——需要说明的是，做空是一种常见的、合法的市场行为和手段，在一定程度上可以帮助市场淘汰劣质公司，降低系统性风险。

让我们一起来看看这家做空公司是怎么拿到商业情报，最终成功做空该上市公司的：

第一步，让自己公司的员工去该公司的线下门店数人头，发现了很多疑点。

第二步，付费让咨询公司找了一批行业内的资深专家，与他们进行一对一的深度访谈，通过访谈对这个上市公司形成整体的研判，论证研判结果后再进行实地调查。

第三步，找到另外一家专门做线下大规模调查的咨询公司，付费让其对这个上市公司全国范围内的几十个城市的几百家线下门店进行统计，连续数天。

第四步，动用了几千名全职和兼职的工作人员，花费了1000多个工作日，从10000多名用户手中拿到了20000多张收据，并录制了超过10000个小时的门店录像。

第五步，在此基础上，制作了一份影响很大的做空报告，公布了这个上市公司真实的门店销量、商品售价、广告费用等核心数据，得出该公司涉嫌造假的结论。

至此，一份指向性特别明显、商业情报特别扎实的做空报告就完成了。如果有朋友熟悉这家上市公司，应该知道之后的情况，它至今都难以恢复元气。

举这个例子并不是让大家都去做空、看空某个公司，而是想说，在商业领域，像商业情报专家一样通过专业的手段和方法，对一个公司进行研判和分析，才是真正了解和洞察一个公司产品、业务、价值的最可靠、最扎实的路径。

实际上，对面试候选人来说，情报学中的一些思维和方法是完全可以为己所用的。先来看两种情报学中比较典型的思维方式：横向思维和纵向思维。

横向思维的好处是思维发散，点子多，涉及的范围广，很全面。在上面的真实案例中，第一步和第四步就体现了横向思维，在不清楚具体问题的时候，先用横向思维进行广泛的接触和获取大量的信息。

纵向思维的优点是思维严谨、缜密，一环扣一环，而且能够做到深入研究的地方尽可能深入与专注。在上面的真实案例中，第二步、第三步和第五步就体现了纵向思维，在了解整个框架之后，对重点和关键的地方进行深入求证，形成相互之间的逻辑链。

需要注意，职场人在准备面试，对意向公司进行调查和了解的时候，往往是两种思维方式都需要。比如，我辅导过的很多咨询者最终进了阿里巴巴、腾讯、字节跳动、美团等一线互联网大厂，他们往往是在面试的前期，调用横向思维多一些，而随着面试的深入，越往后越会调用纵向思维。

还有一个明显的发现是有些比较擅长横向思维的咨询者，在面试的开始阶段会比较顺利，进入状态比较快，而有些比较擅长纵向思维的咨询者，在面试中往往更容易与面试官沟通得比较深入，互动的效果更好。对这两类不同的咨询者，在面试的准备过程中，以及在后期的面试模拟中，辅导的倾向也是不同的。

除了这两种特别有效的思维方式之外，情报学中还有一些具体的方法可以参考，现在也被广泛应用在各种调查研究的工作中，比如社会调查法、内容分析法、比较分析法等。

下面说说社会调查法。社会调查法即通过现场调查，针对社会现象搜集数据，进行分析。这种方法又可分为直接调查与间接调查两大类，前者主要是现场观察，后者又分为访问调查与调查表调查。

在上面的真实案例中，做空公司第一步先派自己的员工进行实地走访就是直接调查，而第二步的专家访谈就是间接调查中的访问调查，第三步的大规模调查统计则是间接调查中的调查表调查。

再说说内容分析法和比较分析法，前者是对拿到的公司文字资料、数字资料、历史资料等进行分类整理，去粗取精，得出结论；后者则是通过对这些资料进行不同维度的对比和分析，发现问题，得出结论。

在上面的真实案例中，几乎每一步的背后都有内容分析法和比较分析法的使用，特别是当真实的数据、内容和涉嫌造假的数据、内容存在巨大差异的时候，就更需要判断资料的可信度和真实性了。

所以，当一个面试候选人掌握了这些调查和了解一个公司的思维和方法，再去准备一个具体的面试时，所面试公司各方面的真实情况、问题、风险等几乎都会像“透明人”一样摆在面试候选人眼前，试想一

下，达到这种用心程度和准备程度还会“遇人不淑”吗？

当然了，在这个过程中，还需要借助一些特别具体、有用的工具等，比如搜索引擎、官方网站、官方微信公众号、行业报告、企业财报、业内专家言论。不过，我还是要特别提醒一点，千万别忘了自己“真听真看真感受”的作用，这价值连城。

3.2.3　从哪些层面判断公司好不好？

好了，你已经掌握了各种调查和了解所面试公司的思维、方法，现在就可以练练手了。不过，一个公司的信息量那么大，在准备面试时，我们到底该从哪些方面判断一个公司好不好呢？

没错，这里就有一个“第一性思考”的问题。在上面的案例中，做空公司调查和了解某个上市公司的直接目的是坐实该上市公司涉嫌造假，所以它的第一性思考是“证伪”，相当于做证明题，只要对公开披露的官方消息进行“证伪”，做空的直接目的就达到了。

对于面试来说，虽然可以借用同样的调查和了解的思维、方法，但是面试的第一性思考不是“证伪”，而是“求真求实”，不是做证明题，而是做填空题，因为面试的直接目的是调查和了解所面试公司在社会层面、商业层面和人性层面的价值。

第一，公司社会层面的价值。

一个好公司首先是社会需要且价值被认可的公司，所以就要看三点：这个公司提供了什么社会服务？解决了什么社会问题？它所承担的社会责任是什么？

我们以特斯拉为例，说起特斯拉很多人就想到电动汽车，甚至把它

理解为汽车制造公司，可惜，特斯拉自己并不这么认为。特斯拉中国官方网站上有这样的介绍：

Tesla（特斯拉）的使命是加速世界向可持续能源的转变。

2003年，一群希望证明电动车比燃油车更好、更快、拥有更多驾驶乐趣的工程师创立了Tesla。今天，Tesla不仅能制造纯电动汽车，还可以生产能够无限扩容的清洁能源收集及储存产品。Tesla相信，让世界越早摆脱对化石燃料的依赖，向零排放迈进，人类的前景就会更美好。

很显然，特斯拉提供的社会服务是既能制造纯电动汽车，还可以生产能够无限扩容的清洁能源收集及储存产品；解决的社会问题是让世界更早地摆脱对化石燃料的依赖，向零排放迈进；所承担的社会责任是加速世界向可持续能源的转变。

我知道，很多职场人其实并不在意公司的社会价值，这一方面是因为个人意识和职场文化的问题，比如，现在的职场文化中，职场人普遍比较关心薪酬待遇和发展空间，相比之下给予公司社会价值的关注不够；另一方面是因为商业文化发育阶段的问题，一般来说，商业文化越发达，身在其中的职场人就越关心公司的社会价值。

但是这两者都不是不关心公司社会价值的理由。好在现在的趋势是，在商业文化越来越发达的今天，公司社会层面的价值已经被越来越多的职场人看中，并成为其择业、就业和创业的优先考虑因素。在这种发展趋势下，那些社会价值低的公司，或者社会责任感不强的公司，注定会被越来越多的职场人遗弃。

第二，公司商业层面的价值。

一个好公司一定是商业上成功的公司，而商业上能否成功可以看一

价值。

怎么样？这种人性层面的光辉和价值是不是很让人难以忘怀？如果你是面试候选人，是不是特别想了解和加入这种公司？

这是因为，虽然现代公司都是社会化分工的产物，公司参与社会分工，获得商业价值链中的商业地位和商业回报，但是“人”才是公司最重要的构成因素之一，这其中既有“人”的言行，又有“人”的情感和价值观，而它们本质上都是人性。

好公司的人性可以反映在公司建立了某种符合人性的规章制度、企业文化和优秀价值观上；也可以体现在洞察人性、理解人性、符合人性的产品、业务和服务上。前者会让内部员工感受到人性层面的愉悦，后者会让外部客户感受到公司的人性魅力。而更多时候，内部员工才是公司的第一批忠实“客户”，如果内部员工都不喜欢和不认可公司的产品、业务、服务，那么它们也将很难获得外部客户的认可。

人同此心，心同此理。不论是内部员工还是外部客户，在某些人性层面是相通的。

而反过来看，如果一个公司的员工幸福度很高，成就感很强，那么这些员工所散发出来的满足感和热情是会传递给客户、用户、合作方的，而客户、用户、合作方们也能感受到这个公司的独特魅力和人性价值，进一步强化这个公司的价值。

由此，在面试的时候，我们除了要调查和了解公司的社会价值、商业价值，还要认真考虑公司在人性层面的价值。虽然，人性价值的判断，相对来说最难。

3.3 用投资的眼光来看一个行业

我在第1章“面试心态篇：新型面试关系”中说过，面试候选人和所面试公司的关系是一种投资关系，这是一种新型的面试关系。面试候选人在对自己的职业经营和职业发展进行投资，所面试的公司在对自己的人力资源和人才储备进行投资。

那么，面试候选人在准备一个公司的面试时，就必然要用投资的眼光和视角去观察和了解这个公司所在的行业，也就是我们通常所说的赛道，到底怎么样，能不能给候选人带来丰厚的职业回报，对候选人的职业经营会不会产生持续性的利好，等等。

要回答这些职业经营和职业发展的重要问题，就必须从我经常做的“角色扮演”说起。

3.3.1 三种角色看行业，各有利弊

一个成熟的、优秀的职场人观察和了解一个行业会借用不同的角色，不同的角色可以带来不同的思考和格局。我自己在职业咨询辅导中经常使用的角色有三种，它们分别是投资人、行业专家和历史学家，从这三种角色的视角看行业各有利弊。

为了让大家更好地理解这三种角色，我先简单解释一下它们的基本

概念和操作原理，然后结合一个发生在2021年春节的真实案例进行说明。

首先看投资人角色，狭义的投资人是指那些在投资机构、投资部门专门进行项目投资的职场人。而广义的投资人的范围就广泛很多，只要是可以提供某种别人需要的资源、资本，可以带来溢价和增值的人都可以被理解为投资人。

不论是狭义的投资人，还是广义的投资人，他们都有一个本质的共性，那就是"站在未来看现在"——从未来趋势和行业逻辑中找到符合自己投资方向的项目，提前布局、落子投资，追求未来某一个时间点的可预期收益、回报。

投资人都知道一句职业名言——投了十个项目，只要有一两个项目是成功的，那么投资回报率就还不错。从这句话可以看出，投资人投资项目是允许很大比例投资失败的，而投资成功则是小概率事件。

那么，对于准备面试的职场人来说，职业经营和职业发展上的"投资"肯定就不能只是追求小概率成功了。为了提高职业"投资"成功的概率，就需要增加行业专家角色，以及历史学家角色。

再来看行业专家角色，顾名思义，行业专家是指那些在某一个行业中摸爬滚打多年，积累了很深的行业认知和理解的职场人。在上一节中提到的"商业情报专家"很多都是某一行业的行业专家，但是行业专家更多的是咨询人、学者、教授、头部公司的资深职员等。

虽然行业专家的人群范围很广，具体的岗位也有很多，但是他们也都有一个本质的共性，那就是"站在现在看现在"——他们是行业的深度参与者，也是行业的近距离观察者，掌握了关于行业现状的最前沿、一手的资料，故最有发言权。

20世纪著名的战地摄影记者罗伯特·卡帕说："如果你的照片拍得不够好，那是因为你靠得不够近。""站在现在看现在"就可以拥有这种最接近一线事实和干货的可能性，再加上投资人"站在未来看现在"，可以极大地提高投资成功率。

如果只有"站在现在看现在"的行业专家角色和"站在未来看现在"的投资人角色，对"现在"和"当下"的了解便足够了，但对"未来"和"趋势"的掌握还少了一些，这时候就需要"站在过去看未来"，以史为鉴，增强对未来的把控。

历史学家的角色正好给我们提供了一种"站在过去看未来"的可能性。因为历史学家往往对过去发生的各种重大事件非常了解，知道很多过去成功的经验，也知道不少过去失败的教训。以史为鉴，只要我们灵活地借鉴过去的成功经验，就可以再一次提高投资成功的概率。

总结一下就会发现，"投资人+行业专家+历史学家"的三重角色可以让我们对一个行业的过去、现在和未来有非常清晰的认识和理解，最大限度地提高了我们针对行业进行职业选择的成功概率。

分享完我自己的这三种"角色扮演"，接着我们就结合一个实际的行业来看这三种角色的运用。

3.3.2　案例：三种角色看电影行业

2021年的春节电影票房创下新高，票房高达70多亿元（图3-2），2021年春节档也被称为"史上最强春节档"。喜剧演员贾玲主演和导演的《你好，李焕英》斩获了30多亿元票房（2021年2月数据），成为2021年春节档的最大黑马电影（这部电影的最终票房达到50多亿元）。

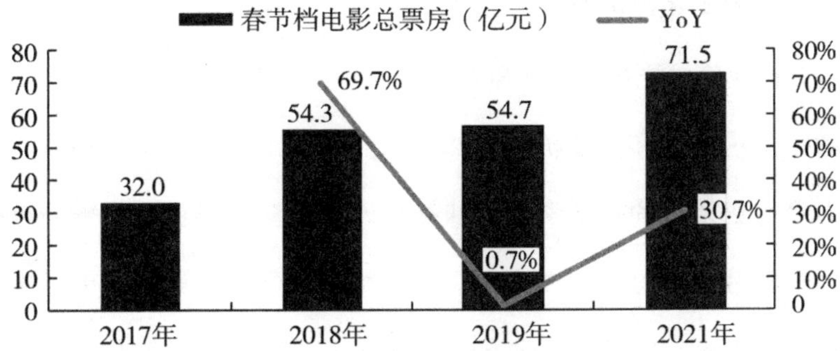

图3-2　2017—2021年春节档电影总票房及年度增长率（YoY）

在这种情况下，如果只是站在普通消费者的角度，我们能看到什么呢？有些人发现2021年的电影票变贵了，感觉热门电影一票难求；有些人会带着自己的爸爸妈妈一起去看《你好，李焕英》，在电影院重温一次亲情的温度；有些人还会吐槽电影《唐人街探案3》不好看，言过其实，走出电影院就给它打了个低分……

以上这些情景很重要、很真实，但都是个人视角的感受。如果你是一位正在考虑进入电影电视行业的职场人，或者准备把娱乐行业当作自己的职业主战场，仅仅拥有消费者的个人视角就过于单薄了，正所谓“外行看热闹，内行看门道”。

这时候，就需要在“投资人+行业专家+历史学家”的三重角色中不断代入、不断切换，以便更好地了解这个行业，为自己的职业和职场做投资。

投资人的角色能够看到电影行业的投资重点和投资逻辑已经从“渠道为王”转变为“内容为王”，优质内容才是大众文娱产品消费的核心驱动力，《你好，李焕英》的逆袭再次证明了这一点。

早些年，到电影院看电影还是一线、二线城市“小资消费”的典型代表。随着想看电影的消费者越来越多，电影市场需求日益增加，更快的影院建设速度、更多的大荧幕数量成了拉动电影消费的重要马力。

敏锐的投资人和投资机构显然注意到了这个市场。于是短时间内，以房地产行业为首的各路资金很快被投入电影院的投资建设中，电影院数量和大荧幕数量每年都在增加。在这种情况下，电影院和电影投资公司就在行业中占据了“渠道为王”的优势，可以对电影的排片、票价、档期等直接影响票房收入的商业因素起到决定性作用，因此，渠道方的分成占比过半，很多电影的制作方和发行方不得不忍痛付费。

随着时间的推移，特别是近几年，电影院已经充分渗透，大荧幕数量也接近饱和，电影的口碑和质量成为消费者最关心的电影元素。也就是说，渠道的价值在不断被削弱，内容的价值才是决定电影票房的关键性因素。所以，像《你好，李焕英》这种影片开始在排片上不占优势，但是也可以靠口碑和质优倒逼影院增加排片，不断创下票房新高。

实际上，电影行业的这种变化，不仅仅是投资人能够感知到，电影行业的从业者，也就是专业人士，更能明显地感知到。原来是大明星、大制作、大投入的电影比较受欢迎，哪怕是个烂片；而现在是有故事、有看点、有内容的电影更受欢迎。

如果站在更大的历史学家视角，电影行业的这种变化在中国的城市化和商业化进程中，在很多行业里都曾经出现过，或者正在发生。

比如在餐饮行业，曾经昂贵的高端餐饮不断在转型，现在更多的是提供物美价廉、性价比高的餐饮服务。再比如在酒店行业，曾经只追求“高端、大气、上档次”的各种酒店，现在也开始推出各种人性化的服务和比较亲民、个性化甚至小众的服务。

放眼电影行业的未来，那些真正有故事、有看点、有内容的电影才是能获得更多投资人认可、值得更多专业人士加入、符合历史发展规律的电影。

以电影行业为例，只是因为电影是几乎每一个职场人都很熟悉的产品，没有陌生感。一个职场人一旦学会用“投资人+行业专家+历史学家”的三重角色观察和研究一个行业，我相信，TA对自己即将要加入的行业和赛道已经很有把握了。

3.3.3　如何挑选好的赛道?

接下来，就是如何挑选一个好的赛道。有一句话说，选择大于努力，放在这里再合适不过了，因为同样的努力，放在不同的行业中，所获得的回报有天壤之别。

举个例子，我2009年大学毕业就选择了加入互联网行业，在阿里巴巴、美团等一线大厂工作了10年，完整经历了互联网的三个阶段：PC时代、移动时代和产业时代。客观来说，这种职业上的高速发展和成长，一方面是我个人努力的结果，但是更为重要的另一方面是，这是互联网行业所独有的。

试想一下，如果当时我选择的不是互联网行业，而是其他行业赛道，我绝对不敢想象能有这种职业的发展和成长。站在现在看过去10年所有行业的发展和变化，大概也只有房地产行业在某些时间段能够达到互联网行业的快速发展水平。

由此，我们就必须找到那些好赛道、好行业的“抓手”，通俗点说就是找到判断好赛道、好行业最重要的依据。

在我自己的方法论中，核心是看这三点：发展阶段、竞争格局和体量增速。

第一，看一个行业处在哪个发展阶段。优先加入处在快速发展期和爆发前夕的行业，备选处在稳定期、成熟期和起步期的行业，一定要避开处在衰落期的行业。

和公司一样，从整体上看，一个行业也大致会经历起步、快速发展、爆发、稳定、成熟和衰落这六个阶段，好的行业还会经历二次创新和转型升级的阶段。

那么很显然，处在快速发展期和爆发前夕的行业，机会最多、成长最快、红利最大，是不可多得的好行业，比如2009年左右的移动互联网行业、2015年左右的人工智能行业等。

处在稳定期和成熟期的行业也不错，但是机会和红利变少，职场人面临的竞争压力很大。而处在起步期的行业还处于比较早期的阶段，选得好，未来的职业投资回报会很高，如果一不小心选错了，可能还要面临二次选择的煎熬。

第二，看一个行业的竞争格局是怎么样的。通常来说，任何一个行业都会出现这样三种竞争格局——一家独大、双寡头和高度分散。

一家独大的行业，优质资源和优秀人才往往都集中在那个占有最大市场份额的公司。选择这种行业加入一家独大的公司，大概率会实现最快的职业发展和成长。比如在中国的公有云服务行业中，阿里云牢牢占据了市场份额的第一名，在多年的持续投入和深耕之后，阿里云终于在2021财年第三季度首次实现盈亏持平。

双寡头的行业，往往同业竞争和市场争夺最为激烈，职业节奏快、职场压力大，但是如果好好把握这种商业竞争带来的职业发展机会，职业收获也会不错。比如在美团和大众点评合并前，两家公司在“打仗”中都培养了一批优秀的职场人，他们现在已经成为很多公司的中坚力量。

还有很多行业的市场份额是高度分散的，很难实现赢家通吃或者两强对立，比如互联网教育行业，这个行业目前并没有绝对的“老大”，各个公司都在各自跑马圈地，积累原始资本。因此，这种行业充满了各种可能性，未来的变数和创业机会会比前面两种行业大得多。

第三，看一个行业整体市场空间的大小和市场增速的快慢。优先选择那些市场空间大、市场增速快的行业。但是，如果某一个行业有绝对的门槛和壁垒，选择时则可以不受此项条件的约束。

以上面说的互联网教育行业为例，虽然这个行业处于起步阶段，但是市场空间有万亿元的规模，增速很快，也符合未来教育的趋势，所以整体上看是空间大、增速快的。

但是，这个行业有一个特点，就是前面说的市场份额高度分散。从外部来看，没有任何一个公司可以充分满足多数消费者的教育需求；从内部来说，招生、服务、教学、师资、教研这五大要素构成的服务链条很长，需要通过线上、线下相结合的方式针对性击破。

所以在这个行业中，出现了一些“小而美”的垂直服务公司。它们的生存和发展的空间很不错，就是因为这些“小而美”的公司拥有不可替代的资源和服务。

最后，总结一下，对于将要面试的职场人来说，选择一个Offer就意味着对某一个行业进行职业投资，需要找准行业的发展阶段、竞争格局、体量增速等重要的判断标准，不断提高自己投资成功的概率。当然，除了这三点之外，在我辅导过的职场人的咨询案例中还有很多针对个案的维度考虑，涉及隐私，这里就不多说了。

3.4　对心动岗位要进行摸底考试

在2021年春节假期期间，有很多职场人找我咨询节后的跳槽和面试等问题，其中很多都是在为春节后的“金三银四”跳槽季做准备，希望能找到心动的岗位，职业咨询案例明显增多。

这背后的原因有很多，我认为最重要的两点，一是“金三银四”是传统的跳槽和面试旺季，几乎每年都是这样（2020年因为新冠肺炎疫情整体延后了）；二是2021年春节很特殊，很多职场人都选择了“原地过年”，正好有一些空出来的准备时间。

这两种因素放在一起就意味着，2021年全年的职业岗位竞争一定比往年更加激烈。我找到一组2020年同期的数据，智联招聘发布的数据显示，2020年春季求职期全国人才求职竞争指数为46.3，意味着全国范围内平均每46.3人竞争一个岗位，竞争指数环比提高了11.8。

2020年在新冠肺炎疫情、经济发展遭受冲击等各种不利因素的影响之下尚且如此，可以想象一下2021年春季招聘岗位竞争的火爆程度。实际上，在中国城市化和商业化的大背景下，一代代职场人面临的职业岗位竞争只会越来越激烈。

那么，在这种背景下，在已经对招聘公司和公司所在的行业（赛道）做了调查了解之后，我们接着就要做一件非常重要的事情——对心动岗位进行摸底考试。

3.4.1 关于岗位的若干真相

虽然岗位和职位的字面意思有区别，也有很多人把它们的区别当成付费知识进行售卖，但是，不论是叫岗位还是叫职位，很多关于它们的真相都会让人大跌眼镜。为了方便说明，我这里统一都叫岗位，意思是，一个岗位对应一种专业的事务。

我在实际工作和实战咨询的过程中，碰到过很多让人难以理解的岗位真相，而且发生在优秀公司和优秀职场人身上，这里先分享几个高频发生的岗位真相让大家感受一下：

真相一：很多岗位说明都是从网上抄的，不是完全符合公司实际的。

对于要参加面试的候选人，以及想考虑公司外部机会的职场人而言，了解和研究招聘岗位最常见的方式就是看招聘岗位的说明，我们通俗点说就是岗位JD（职位描述），它的来源往往都是公司的HR，或者公司委派的专业猎头，来源、渠道都很正规。

比如，岗位JD中一般都会注明两大部分，第一部分是岗位具体干什么工作，负责什么内容，承担什么责任等，第二部分是岗位的具体要求，包括希望候选人有什么职业背景和教育背景，以及对工作年限和经历等的要求。

当面试候选人或者准备跳槽的职场人把这份JD奉若圭臬，逐一对比自己的情况，希望找到最大的符合概率时，他们不会想到，这份JD很有可能是从网上“复制+粘贴”的。

这是真的吗？是真的，小公司有，大公司有，顶级公司也有。这会带来什么坏结果呢？对于面试候选人来说，如果只看岗位JD，就少了一次真正了解自己岗位价值的机会，甚至可能是唯一的一次机会，而这会增大以后发生职业危机的概率，比如，公司裁员的时候，你处在裁员范围之中。

其实这个原因很简单，一份标准、优秀的岗位JD一般是由HR或者HRBP（人力资源业务合作伙伴）和业务部门（需求方）共同商量、设计出来的。但在实际操作中，HR和HRBP往往并不能完全理解实际业务的需要，从而绘制出完全符合需求方要求的人才画像，这个时候，最经常的做法就是看看通用岗位的要求有哪些，直接放上去。

所以，面试候选人最好不要完全相信岗位JD，而是要综合岗位JD、HR会谈特别是业务关面试等多个渠道得出综合性的岗位信息，这部分在后面篇章中会详细说明。

真相二：很多岗位不一定是招人来干活儿的，也可能是用来平衡、斗争、博弈的。

当你以为自己正在准备的一个面试岗位很不错，很值得一试，殊不知，招你进去的目的不仅仅是干活儿，更重要的目的是领导希望你能够取代某个人。

举个例子，某个咨询者被TA现在的老板招进去，在被招进去之前TA以为是老老实实打工干活儿，被招进去以后才发现，这个岗位已经有人做了，只是老板不满意现有的成绩，于是老板希望通过增加人手，先内部竞争，然后让TA取而代之，在这种情况下，这位咨询者还要处理大量的复杂关系，比老实打工干活儿累多了……

类似的情况有很多，整体而言可以概括为：岗位产生的原因并不是业务的需要，或者公司发展的需要，而是管理业务的人出于管理目的进行的招聘，比较多的诉求可能是制衡、平衡组织人员，争夺管理权限和范围，处理职场斗争的各种博弈，等等。

有些候选人会认为这种岗位和公司过于复杂，难度太大。实际上从管理者的角度看，这些方式方法都是很正常的手段，关键在于候选人自己有什么样的职业诉求，想老老实实干活儿的人和想逐步发展成为管理者的人，接受程度会不一样。

还有一些其他的招聘目的，比如有些长期招聘的信息，只是变相为公司打广告；有些公开招聘的信息，其实早就内定好了人选，公开招聘就成了“萝卜招聘”；有些高薪招聘的信息，只是为了充实公司的人才库，以备不时之需。

总之，没有搞清楚公司招聘岗位的由来，就最有可能让自己成为填坑的那个人；而搞清楚了招聘岗位的由来，就会发现各种各样的招聘目的，看破不说破，还是好朋友。

真相三：很多岗位还会有一些小偏好，从来不会明说，也和候选人无关。

岗位本身是客观存在的，但是做岗位招聘的都是人，在实际的招聘中都不可避免地加入了个人的偏好，而这些个人偏好从来不会写在岗位JD中或者体现在面试过程中。

举个例子，我自己在一线大厂工作了10年的时间，特别是在阿里巴巴和美团工作的时候，能通过层层筛选最终到我这一关的候选人都是“有几把刷子的”，很多时候从各个方面比较也很难选出最合适的那个候选人。

后来，我就调整了思路，在各种前提条件都满足的情况下，我更偏爱那些拥有“雌雄同体”特质的候选人，果然，候选人一下子就确定下来了，而且与他们的合作结果都是不错的。

显然，拥有“雌雄同体”特质这一点肯定不会写在岗位JD中，也不会出现在面试的交谈中。一是没必要明说，二是候选人如果理解不到位还可能引起不必要的误会，但是我确实是用这个特质来判断和筛选人才的。

我说的“雌雄同体”特质是指如果一个男性候选人有细心、关注细节等通常出现在女性身上的特质，而一个女性候选人有勇敢、讲究策略等通常出现在男性身上的特质，我会认为这种职场人是两性特质的“集大成者”，他们最有可能成为优秀和卓越的职场人，也最有可能成为拥有广泛影响力的职场人。

所以你看，在合理的范围内，在合适的情况下，每一个岗位的面试官都会有自己个人的偏好，很多时候不是候选人不优秀，而是面试官是一个有偏好的人。事实上，任何一个职场人，在选择和决策的时候，总有自己的偏好，甚至可以说是偏见，这看似不公平，但是很难完全避免，因为人人都有偏见，绝对公平不存在。

3.4.2　岗位的内涵价值和外延价值

在准备面试的时候，在我们看清楚了岗位的各种真相以后，我们该怎么办呢？有些人气愤不已，唉声叹气；有些人大呼不公平，愤世嫉俗；有些人针锋相对，觉得上当受骗……

其实这些都不是很好的心态和想法，因为这些真相并不会因你而改变，既然不能改变，那就看透了岗位的真相依然找寻热爱的就好。在本章第1节中，我就说过要找自己喜欢、擅长并适合的职业，岗位也是一样的，也要思考这种最大的交集，具体的内容可以回看一下此前的内容，这里就不多说了。

这里重点说在选择岗位时，不要仅仅关注岗位的内涵价值，还要关注岗位的外延价值，这是很多职场人不注意的，却是他们成为优秀职场人和高薪职场人的必修课。

接触过逻辑学的同学都知道，任何一个事务和概念都有其内涵定义和外延定义。我是学新闻出身的，以记者这个岗位为例，如果从岗位的价值上来衡量，就可以发现记者职业的内涵价值和外延价值。

内涵上，因为记者要大量接触和处理各种信息和事务，而且信息多是最及时的、一手的，就很容易拥有良好的听、说、读、写能力和较强的认知和思维能力，这是职业硬技能。

外延上，一旦掌握了这些硬技能，在本职工作外，记者很容易指导自己获得更多的财富机会、商业机会、投资机会、高质量人脉和稀缺性资源，也就相对容易变现。

我因为工作关系认识了很多科技行业和互联网行业的记者，他们中很多人开始只是写作和报道科技行业和互联网行业的消息，这就是记者职业的内涵价值。后来，随着消息和机会的积累，有些记者成功跳槽到了品牌方，有些记者创业做成了影响力很大的自媒体，还有些记者投资股票和创业项目，回报很大，这些就是外延价值。

所以，我们可以总结一下，一个职业的内涵价值就是本职工作的核心定位和核心价值，而外延价值就是基于本职工作和核心定位向外延展的部分。

比如我自己的本职岗位是市场营销专家，在阿里巴巴、美团、复星等一线大公司工作的10年中，我积累和总结了很多成功的职场经营方法，这些方法帮助我自己成长、成功，是经过验证的。同时它们是可以推广的，所以，在我的终身职业上，我采用职业咨询和职场教练的形式，把我比较创新的和能获得高质量结果的方法、思维、眼光、信息和资源共享给更多优秀的职场人，帮助他们解决了一个又一个职业发展和经营问题，让他们少走弯路，在正确的道路上走得越来越快，走得越来越远，这对我来说，是价值最大化，对咨询者来说，是价值的迁移和学习。

前者就是我的岗位的内涵价值，它是前提和基础；后者就是我的岗位的外延价值，它是长尾和复利，都有价值，都很专业，但是各有侧重。一个岗位，只有让它的内涵价值和外延价值都释放出能量，它才是幸福度高的岗位。提醒一句，岗位的内涵价值和外延价值不是割裂的，而是可以迁移的，需要通过专业的咨询或者深入的梳理才能享受到叠加的复利，只有这样经营下去，回报才会比付出多很多，并能够长久地运转下去。

3.4.3 期望值、组织架构和行业影响半径

当候选人已经有了内涵价值和外延价值的思维，在对心动岗位进行的摸底考试中，其就有了一个特别具体的方向，而不是泛泛之谈。我自己的实战经验是，期望值、组织架构和行业影响半径这三点是我对一个岗位进行判断的重中之重。

之前在阐述新型面试关系和新型职场关系时分享过，优秀职场人、

高薪职场人和公司的关系是投资关系、博弈关系和互利合作关系，也就是说，二者最好的状态是一加一大于二的状态，这就要求职场人的考虑维度一定是共同利益，共同做大蛋糕。

期望值、组织架构、行业影响半径就是一个岗位和领导、公司、行业三者的共同利益。

第一，期望值。

我在大厂面试候选人，以及辅导咨询者进行面试的时候，都会直接问对方：你对我有什么期望值？“期望值”也可以换成“诉求”“想法”“希望”等近义词……我在自己职场生涯的几个重大机会选择和判断的时候，也会直接问领导：你对我有什么期望值？同理，“期望值”可以换成“要求”“任务”“希望”等近义词……

一定要公开、坦诚地交流和分享对方对自己的期望值，而不要不好意思，或者不敢直接面对压力和责任。从职场沟通角度看，这是最直接、最有效的沟通方式；从目标管理角度看，这是和领导建立共同利益和共同目标的最好方法。一个岗位，只有越接近领导的核心利益，才越是一个重要的岗位，而不是边角料。

第二，组织架构。

了解清楚期望值之后，接着就要看这个岗位在公司所处的位置，这是你和这个公司的共同利益所在。怎么看呢？任何公司都有组织架构，好一点的公司，HR部门会牵头做一个完整的公司组织架构图，差一点的公司也会直接画出来。

看组织架构有两个具体的好处。从岗位的发展上看，通过组织架构可以很清晰地看到自己的岗位所有的汇报关系、协作关系和晋升路径，这些都是职场人比较看重的所谓的“发展空间”；从价值链传递上看，通过组织架构可以特别明确地看到自己的岗位在公司整体的价值链条中所产生的价值、所存在的意义，这也是未来能否升职加薪的决定性因素。我经常说要做到“心中有大图”，组织架构图和业务流程图等就是典型的大图。

第三，行业影响半径。

了解了领导的期望值和公司的大图之后，接下来就是看这个岗位和行业的共同利益是什么。一个岗位和领导的共同利益可能会经常变化，因为领导经常变化，一个岗位和公司的共同利益也可能会经常变化，虽然没有领导变化的频率高，但是跳槽的频率在变高。当你和所在行业的共同利益相对稳定时，变化的频率才是最低的。

这时候，你就必须思考这个岗位如何在行业中创造持续性的价值，不断扩大行业影响力，而且它们不受领导因素这种短期共同利益、公司因素这种中期共同利益的影响，最终形成你所在岗位与你所在行业的长期共同利益。

当一个岗位可以很清晰地呈现短期共同利益、中期共同利益、长期共同利益时，你就可以放心大胆地选择它，因为这样三个层次就已经保证了与这个岗位相关的三种共同利益可以实现最大化，先做大蛋糕，再合理分配蛋糕，就是这样。

3.5 最后才是准备几份简历

当一个职场人开始考虑跳槽，或者准备面试的时候，很多人的准备流程是这样的：

第一种，根据自己这段时间的职业情况修改简历，然后用这样一份简历去“海投”。

第二种，在人才市场上找一些猎头或者HR，付费修改简历，做各种简历“优化”。

第三种，找行业专家和企业高管，探讨自身的职业核心问题，然后修改简历。

还有很多详细的准备流程，这里就不一一列举了。单看这三种常见的准备流程就会发现，第三种比前两种准备得更加充分，第三种职场人的认知和方法比前两种要成熟很多。但是，这样就够了吗？对于一般职场人也许够了；如果职业目标是成为优秀职场人或者高薪职场人，这样还不够。本节要讲的内容或将对你有所启发。

3.5.1 一个案例：如何进大厂面试？

我写这个篇章的时候，正好是“金三银四”跳槽旺季。很多职场人找到我咨询一个对自己的职业发展特别重要的问题：如何准备互联网大厂的面试？

这是一个特别宏大、庞杂的问题，而且因为每个咨询者自身的职业情况不一样，所以不可能有所谓的“标准答案”。同时，进互联网大厂对一小部分人来说很简单，但是对绝大多数职场人来说还是比较困难的，面临的竞争也很激烈。

那么职场人应该怎么办？我们不妨做个对比，先来看一下本节开头提到的3种方法能否奏效：

第一种，用“海投”简历的方法。对于候选人来说这种方法的投入成本最低，有点像“管它有枣没枣，先打一竿子再说”。不排除有人打到了枣，拿到了面试机会，甚至最终还进了大厂。

但是，这样做有个很大的问题：命中率很低，大厂的每一个岗位平均都有几千人甚至上万人进行争夺，这种“撒网捞鱼”的方式不能保证命中率，一切随缘。

所以，这种方法比较适合求职意愿不那么迫切、目标岗位和公司也不明确的候选人，但是，话说回来，既不迫切，也不明确，那为什么要跳槽呢？对不对？

第二种，用找猎头或者HR修改和优化简历的方法。相比于第一种方法，这种方法的投入增加了，如果他们的确可以对简历做一些文字上、结构上的调整和优化，简历的质量可能会有所提高，那么进大厂的可能性也可能随之提高。

但是，这种方法的弊端也很明显，比如猎头和HR在处理简历的时候，很多都像流水线生产一样，都是标准的、统一的样式，最终看上去四平八稳的简历，只是没有错而已，但看不到什么亮点，或者说

“卖点”。

所以，这种方法比较适合简历分数在平均分以下的候选人——如果简历可以打分，这个平均分可以定为60分（满分100分），通过这种方式也许可以将60分提升到70分，但是再往上想要达到80分、90分，基本不可能。

同样的道理和逻辑，这种方法也不适合优秀职场人和高薪职场人，因为这些人的简历分数本身就可能达到了80分，甚至是90分，这种方法无法帮助他们进一步提高简历分数，需要用其他的方法和思路进行调整，但绝不是这种表面功夫。

第三种，通过向行业专家和企业高管咨询，探讨自身的职业道路、职业优势、能力矩阵、发展路线等职业的核心问题。对比以上两种方法，这种方法的投入是最高的，可能是金钱投入，也可能是人情投入，不过却是效果最好的。因为这些行业专家和企业高管自身就是过来人，拥有一定的职业和职场实战技能，向他们直接学习往往可以获得最直接、最有效的职业成长。

所以，这种方法在新冠肺炎疫情之后，突然变得很受认可，未来也会被更多人认可和接受。当然，很多慕名找到我咨询职业和职场问题的人，也是属于有这一类诉求的。

经手的案例多了会发现，有些咨询者动手能力很强，很快就知道怎么调整简历——其实，优秀简历没有标准答案，不能流水线生产，都是个性化的，后面会详说。同时，有些咨询者思考能力很强，但是需要深度沟通后才会动手调整简历。

所以，我一般不会直接上手帮咨询者修改简历，但是，通过向我咨询和学习，咨询者自己会知道怎么呈现出专属于自己的可以达到90分甚至100分的简历，这就是“授人以鱼，不如授人以渔”。

让很多人觉得不可思议的是，用这种方法调整简历的候选人几乎都可以进到大厂的面试环节，而且通过层层筛选最终进入大厂的候选人也占很高的比例。

其中的秘密就是使用这种方法呈现出来的简历是独家的、专属的、适配度最高的。

3.5.2　撒手锏级简历：量身定制

我在本书第5章“面试战术篇：先亮价值，后亮底牌”的第1节中会讲如何理解简历，可以和下面的内容结合着看。简历在整个面试流程中最大的作用和最好的结果就是“吸引注意力”，不论是线上网申、筛选，还是线下见面、评估等。

在制作简历的时候，我们专注的点不是作用和结果，而是过程和动作。也就是说，当我们知道怎么样才能写出最好的简历时，那么好结果就是可以预期的了。这一点，就像在比赛的时候，如果始终想着“赢”这个结果，结果一般都不好；而如果专注于如何做好每一个动作、每一个细节，那么好结果就是自然而然的了。

那么，制作一份撒手锏级别的简历，究竟应该有哪些步骤，才能真正做到如量身定制一样?

第一步，根据自己的职业定位、专业方向、发展路线、能力矩阵进行自我梳理。这一步是完全站在自己职业的角度来思考和设计，反映的是自我认知和管理。

第二步，把自己放在人才市场中，从人才竞争、比较优势、核心卖点、差异路线等横向维度再次梳理，这一步是完全站在HR以及用人单位的角度进行的二次梳理。

第三步，结合自己对岗位、公司、行业、业务等方面的理解和认知，进行最后的梳理，这一步是完全站在业务对人才需求的把握和考量的角度进行的第三次梳理。

经过这三层梳理，所呈现的可用于面试的简历可以说完全是量身定制的：既是对自己的量身定制，也是对人才选择的量身定制，更是对业务需要的量身定制。

举个我辅导的真实咨询案例，隐私部分已省略，只用于说明简历的“量身定制”：该咨询者整体的职业发展比较稳健，之前一直没有面试大厂的机会，因此希望获得大厂的面试机会。

通过咨询，首先确定TA的职业整体发展方向是“B端”领域的“中后台服务专家”。这个方向可以把TA过往职业积累的各种价值最大化，也很容易把TA的价值迁移到眼下最火热的几个风口行业中，并结合自己的偏好加权分级，最后得出岗位的优先级（表3-1）。

表3-1　某咨询者的目标岗位优先级分析

优先级	总权重	公司权重	地点权重	特点权重	匹配度权重	赛道	公司	地点	特点/匹配度	匹配度	部门	目标岗位名称
1	95%	35%	25%	20%	15%	传统电商+社区团购	阿里巴巴	杭州	社区团购＋售后服务	匹配度较高	COO线盒马客户体验	盒马售后体验设计
1	95%	35%	25%	20%	15%	传统电商+社区团购	阿里巴巴	杭州	社区团购＋流程端售后服务	匹配度较高	COO线盒马客户体验	盒马售后服务
1	95%	35%	25%	20%	15%	传统电商+社区团购	阿里巴巴	杭州	社区团购＋团长端售后服务	匹配度较高	COO线盒马客户体验	盒马优选售后体验
1	95%	35%	25%	20%	15%	传统电商+社区团购	阿里巴巴	杭州	社区团购＋团长端售后服务	匹配度较高	盒马优选	服务体验专家
2	87%	35%	17%	20%	15%	社区团购	美团	上海	社区团购＋服务	匹配度较高	到店事业群	生活服务商家运营负责人
2	82%	35%	17%	15%	15%	传统电商	拼多多	上海	拼多多＋服务	匹配度较高	服务部	服务运营专家
2	80%	30%	10%	20%	20%	传统电商	京东	北京	京东服务行业强	匹配度较高	京东集团	服务产品设计岗
2	80%	30%	10%	20%	20%	传统电商	京东	北京	京东服务行业强	匹配度较高	京东物流	家电服务运营总监
2	80%	25%	25%	15%	15%	传统电商	网易	杭州	网易＋服务	匹配度较高	服务部	平台售后经理
2	80%	35%	10%	20%	15%	社区团购	美团	北京	社区团购＋服务	匹配度较高	优选事业部	商家服务运营专家
3	75%	35%	10%	20%	10%	直播电商	字节跳动	北京	直播＋服务	匹配度一般	—	售后运营专家
3	75%	35%	10%	20%	10%	直播电商	字节跳动	北京	直播＋服务	匹配度一般	—	售后服务治理专家
3	65%	15%	25%	10%	15%	传统电商	有赞	杭州	社交电商	匹配度较高	—	服务运营专家

接下来，在咨询中就要站在人才市场和业务需求的角度，来思考TA和岗位的最大匹配度问题。这里就发现这位咨询者的长短板都比较突出：优势很明显，比如一线成长走向管理岗位，业务技能扎实，发展稳健等；但劣势也很明显，比如缺少相关行业的经验，成长速度相对一般，操盘项目的手法缺少多样性，等等。

也就是说，从人才本身的角度看，TA的匹配度很高，面试一路过关斩将没什么问题，但是行业知识和经验的储备成了最大的变数，所以在咨询者后期的准备中，我通过陪跑咨询，花了很多时间和精力对TA进行各种形式的知识恶补，包括但不限于行业分析、竞对格局、标杆案例、主要操盘手法等（图3-3），一点点提高TA与岗位的匹配度。

行业分析：社区团购

风险与挑战

供应链：
配送方式：
1. 代发。
2. 产地落地配送到销地城市仓，城市物流到社区，在社区内自提或者送货上门。
3. 销地仓直接配送给用户。
4. 及时配送，即用户在社区微信群里下单，半小时就可以从前置仓出库送到用户家里。
注：生鲜供应链极为分散，即便是生鲜B2B商家，也大多是在细分品类拥有优势，难以满足社区团购的品类需求，因此生鲜供应链的标准化以及区域内整合能力会更重要。

成本：
1. 从产地到一批到二批到前置仓是一个非常长的流程，货品的成本和人员运营的投入都会比较高。
2. 从消费体验来看，顾客一定是希望有更丰富的商品选择，但如果通过团购方式提供的品项很多，成本会上升，效率会下降，比如会产生更多损耗。
3. 从物流角度看，统仓统配一定是效率最高、成本最低的方式，但用这种方式为成百上千个社区进行配送时，物流成本反而会上升。

模式

运营及管理：
1. 太过于依靠社区合伙人或者社区团长，这是一个潜在的隐患。
2. 在城市拓展方面，一方面得益于模式轻，能够快速下沉，另一方面也考验对跨区域、本地化的各方资源的组织管理能力。
3. 如果只想靠规模做价差，不建设内部能力，不能依靠自己的能力把用户价值做大，是走不远的。

软件系统：
要采用可连接的系统，敏捷响应C端订单。

概念：
是基于线下真实的小区，通过微信群进行开团预售，集合同一个小区群的需求，通过微信支付后，再统一发货然后到社区门口统一自提的一种购物方式。

本质：
一种基于真实LBS小区，由C端驱动B端的电商渠道（适用于生鲜水果、食品、日用品、居家用品等的销售）。

模式流程：
以社区为节点—线上建立社群—线下完成交付—平台提供供应链—物流仓储—售后支持。

优势

市场规模海量：
可以涉及城市的每一个社区及农村，市场规模为400亿~600亿元，但是就目前而言，社区团购规模局限于日常购物和京东、淘宝的网络购物结束后的补充购物。

1. 流量红利，获客成本低。
2. 交付体验好，配送成本低。
3. 运营模式轻，易于规模化复制。
4. 预售模式降低了损耗。
5. 社区团购符合资本对于位数增长的期望。

用户目标

用户特征：
1. 文化程度：初中以上，能够熟练使用微信等软件。
2. 地域属性：前期一线、二线城市，后期逐步推广至五线城市、农村。
3. 职业：具有一定闲暇时间的人员。
4. 经济收入：家庭年收入6万元，可支配收入2万元。
5. 付费敏感度：付费敏感度较高，追求性价比。

用户动机：
1. 信任度：参与小区内部有人推荐的团购，购买有保障。
2. 价格：团购相比普通购物价格持平或较低，产地直销新鲜度好。
3. 比网购要方便：有线下的商品退换货渠道和及时获取参团资讯的渠道。

影响用户体验因素：
1. 是否随身携带接入设备。
2. 网络是否通畅。
3. 是否具有闲暇时间去提货和关注信息。

角色分析

社区团购平台：
整合上游货源，发展社区团长。
1. 通过社区团购系统后台添加和管理社区团长，统一上传商品、管理订单、财务结算、移动化管理。
2. 根据具体需求确定社区团购的截单时间，生成配送单，合理配送商品给各个社区团长。

团长：
建社区微信群，群内推广商品。
1. 团长一键分享社区团购小程序/微商城商品链接，可生成商品海报，图文描述更详尽。
2. 告别传统的手工统计和收单，系统自动提醒下单的居民到货、提货，佣金随时提现，结算更透明。

周边居民：
注重性价比、售后和购物体验。
1. 通过社区团购小程序/微商城即可进入商品详情页，打开速度快，下完单即可退出，购买体验更好。
2. 商品源头直采，价格实惠，加上与社区团长之间的邻里关系，无须担心商品的售后问题。

主流玩法

宝妈+社群：
1. 寻找社区KOL，即团长，这类人群往往是赋闲在家的宝妈。
2. 团长组织微信群，即虚拟店，店里的成员是小区的妈妈们。
3. 平台提供品牌、技术、产品、物流、客服等相关服务，由团长收集订单，平台将货物从城市仓统一送至团长家里，社区消费者自取，订单物流时间通常为3~4天。

问题：
目前市场上的社区团购平台，模式基本趋同，都是以“宝妈+社群”模式发展社区团购业务，在提升城市速度、跨区域管理能力、供应链能力、商品体系、技术能力、品牌力等方面各有长短。

职位分析：商家运营

概念：
商家运营是电商平台类公司的一个岗位，它是商家和平台的桥梁，帮助平台获得优质的品牌/单品/库存/服务/内容等，对供给数量/供给质量/供给GMV负责。

工作职责：
核心：数据管理、资源管理、商家策略、店铺管理、商家培训。
非核心（不一定）：商家引入、商家关怀、类目运营。

商家运营的价值：
对平台：挖掘、培养优质供给，传递平台价值。
1. 拉新：帮助平台获取更多供给。比如从各渠道主动寻找、发掘潜力商家BD入驻平台；或者通过渠道收集商家线索，或者处理商家的主动入驻咨询等。
2. 促活：帮助平台培养活跃商家。比如利用商家活动、商家关怀等手段促进商家活跃（商家活跃的概念每家定义不同，可能是日活或者月活，也有的认为活跃与登录App没有关系，要登录App有一定的行为才算活跃，比如查看课程内容等，也有的认为有订单才算活跃）。
3. 留存：帮助平台培养高留存率商家。比如利用精细化运营策略，找到潜力商家进行针对性运营，提升商家留存率；对于电商平台而言，最直接的方式是帮助商家获取更多流量，有流量、有转化商家留存下来的可能性才更大。没有订单一切都是虚的。
4. 转化：帮助平台培养有付费意愿的商家。比如平台有一些收费项目，帮助平台促进商家购买并使用。
5. 召回：帮助平台召回优质商家。比如有些商家被竞争对手挖走了，对平台失望了，就需要通过策略召回。

对商家：帮助商家盈利。
1. 拉新：帮助商家获取更多新用户。比如帮助商家参加活动，调整排序规则等，目的就是帮助商家获取更多曝光量。
2. 转化：帮助商家提升转化率。有了流量但是商家接不住也不行，比如通过培训，帮助商家快速了解平台策略和“玩法”，指导商家优化主图、标题、详情说明等。

图3-3　某咨询者的目标行业和岗位梳理

最后，根据三个优先级最高的目标岗位，分别为这位咨询者量身定制了三份简历（简历80%的核心相同，20%灵活调整），最终的结果是三个目标岗位的面试机会都搞定了。

3.5.3 简历的重要和不重要

简历重要吗？我的答案是重要，但还有比简历更重要的。

我在互联网行业的一线大厂干了10年后，进入了第二个职业阶段。以我经营自己职业10年的经验看，简历只是一个传播物料和载体，最重要的是人本身。这一观点也在我辅导过的数百位职业咨询者的案例中得到了验证。

套用传播学中经典的拉斯韦尔5W模式，一次有效的传播过程至少包含五大基本元素：传播者、传播内容、传播渠道、受众和传播效果。对应地来看，传播者是候选人，传播内容有简历，但更重要的是简历背后的那个真实的、专业的职场人。

用人力资源学中的“冰山理论”来解释，简历只是浮在水面上的冰山一角，它只能体现出候选人的知识和技能；对于优秀职场人和高薪职场人来说，面试官想要了解更多，就必须透过简历看到候选人更多的职业个性、人格特质、自我认知、内在驱动力等底层的、稳定的、持久的东西，而这些都是水面之下的冰山。

也正是这些分析让我相信，一个候选人的简历没那么重要，因为更重要的东西在简历中体现不出来。所以，作为面试官，我会透过简历看底层的东西。为了看到这些底层的东西，我会用各种各样的面试方法跟候选人进行互动，大厂的面试官们也会有自己的一套识人、察人、用人的方法，这些在后面的篇章再说。

写到这里，我想到了小时候读过的一则寓言故事中的一句话："如果一个人是对的，那么他的世界也是对的。"所以，在简历之外，职场人要更多地思考"我是谁"。

第 4 章

面试策略篇：赢在先手，赢在场外

很多人可能不相信，对于优秀职场人和高薪职场人来说，一场面试是否成功，并不是由面试的那十几分钟来决定的，而是由面试场外的各种因素整体决定的。这有点像“台上一分钟，台下十年功”，也有点像“考试一道题，功夫在平时”。

令人遗憾的是，居然有很多人把一场面试的成败锁定在面试的那十几分钟上，花了大量时间和金钱进行所谓的“模拟面试”，学习套路，这完全是本末倒置。

在决定一场面试成功与否的各种因素中，除了前面已经分享的心态、动机和准备，这一章要讲的策略和下一章要讲的战术是重中之重，也是很多职场人从来不会思考或者没有机会思考的因素。如果想成为优秀职场人和高薪职场人，请跟着我的节奏继续读下去。

上兵伐谋，其次伐交，其次伐兵，其下攻城。

——《孙子兵法·谋攻篇》

4.1 整体策略：真诚交流是最好的

在我写这个篇章的前一周，一位30岁左右的咨询者找到我，我看了TA的职业发展基本情况后，基本可以确定咨询目的是辅导跳槽，职业目的是转型进入互联网行业，结合TA自身的条件看，想达到目的并不难，于是我们就开始进入后续的咨询流程。

可是让我没想到的是，TA在咨询快结束的时候问了我一个很模糊的问题："我能不能对收入进行适当的包装？"不用明说，我立刻知道了TA的意思。在听完TA的详细讲述后，我给了一个建议——如果想在目标公司好好发展，最好说真实收入。

想争取高薪，可以通过提高自身职业价值和学习谈薪策略来实现，这两点在下一章"面试战术篇：先亮价值，后亮底牌"中会详细讲解。但是，最好不要使用虚报、假报收入的方法，即便有很多职场人都这么干，但是这违背了进行面试的一个整体策略——真诚策略。

4.1.1 不真诚会怎样?

上面的案例只是说到了收入这一点，在实际的职场咨询中，真诚与否会体现在整个面试流程中，有年龄、学历等物理信息类的，也有收入、职级、绩效等职业信息类的，但更多的是做人做事、待人接物的基本原则。

那么，一定会有人问："在面试中不真诚会怎么样？"特别是在面临巨大诱惑的时候，比如利用虚报信息就可能侥幸过关，获得更多收入、更高职级、更多机会时。

我分享一个咨询的实际案例，让大家感受一下不真诚的职业代价会有多大。

这位咨询者找到我的时候已经通过了某个互联网大厂的一面，正在等候后续的面试通知。我看了TA的职业背景和岗位情况，初步判断TA与所面试岗位的匹配度挺高的。

这时候我就产生了一点小疑惑：既然已经通过一面，而且后续面试的成功概率还是挺高的，为什么还要找我咨询呢？好像完全没有必要。正当我疑惑不解的时候，TA主动跟我坦白了咨询的目的，TA想要确定一下自己是否无意中做了简历造假。

情况是这样的（隐私部分已省略）：TA在这次跳槽前已经有了两段发展不错的职业经历，但是在这两段职业经历之间，TA其实还有一段持续时间很短的工作经历，只工作了一两个月的时间，因为入职后发现不合适就很快辞职了，转向了后续的工作。

这种情况对于职场人来说是比较普遍的，谁也不能保证自己的每一个Offer都是百分之百合适的，所以在发现了不合适之后，TA就快速结束了这份工作。从职业投资的角度看，是及时止损；从职业合作的角度看，是及时终止合作，可以理解。

但是，在今后的职业生涯中，对于这样一段持续时间很短的工作经历如何处理和如何呈现，每个职场人的想法和做法就千差万别了。比如很多人选择直接抹去，毕竟时间很短，好像可以忽略不计；有人选择把前后两段工作时间连在一起进行遮盖。

这位咨询者开始的处理方法就像上面说的这样，没有真实地把这段时间很短的工作经历写在简历中，而是把上一份工作的结束时间顺延到下一份工作的开始时间——我在咨询中问TA，为什么这样做？TA的答案是，担心工作时间太短，会给面试官留下不好的印象。

实际上，对面试官而言，只要一个候选人不是频繁地换工作，有持续稳定的发展，出现一段时间很短的工作经历，候选人对其进行合理解释，真诚沟通后，一般都没有大问题。

可是，如果像这位咨询者一样采用这种处理方法，没被发现还好，一旦被发现，基本就会被认定为“简历造假”，因为这样做违背了职场人的诚信原则，后续基本都不可能入职所面试的公司，严重的还会被放进所面试公司的黑名单，永远不予录用。

果不其然，因为TA面试的这家大厂对诚信的要求很高，对候选人的背景调查也很严格。这位咨询者在拿到Offer之后的背景调查环节中被查出有这样一段短时间的工作经历没有在简历中呈现，HR和业务部门经过综合判断，决定不予录用，责任由TA自己承担。

当这位咨询者后来告诉我这样一个结果的时候，我一点也不意外，对TA也感到很惋惜。结果就是这样，成熟的职场人要对自己的行为负完全责任，并且要通过补救措施把负面影响降到最低。于是我就建议TA真诚地跟HR写一封说明信，把事情的来龙去脉说清楚，说明承担这个事情的一切后果，并希望HR考虑TA综合条件的匹配程度和自己的无心之处，不要把自己放进公司的黑名单，以免影响今后再次加入这个公司……

现在回忆起这个真实案例，我仍然为这位咨询者感到惋惜，TA的一切条件和资质都很符合这个公司和岗位，我相信如果TA顺利入职，应该会有一个远大的前程，可就是因为简历上的这一个小小的不真诚，改变了TA短时间的职业走向。

在这里多说一句，因为职场工作和辅导咨询的双重原因，我能接触到大量优秀职场人和他们的简历，各种形式的不真诚都有，包括一些特别隐晦的，比如只是参与项目却说成负责项目。一旦这些行为被发现，职场代价将极其严重。

这种严重的程度就像木板上钉钉子，钉子虽然可以被拔去，但是深深的洞孔会保留下来。所以，在面试中碰到类似的情况时，请职场人一定要真诚对待。

4.1.2 真诚和包装不矛盾

与此同时，在面试中，也会大量出现个人包装、简历美化等情况，甚至还有专门的猎头和职业生涯规划师辅导候选人进行仪表、简历、谈吐等方面的包装和美化，那么这些和真诚冲突吗？如何把握好这个尺度?

我在下一章“面试战术篇：先亮价值，后亮底牌”中会说到如何管理个人印象，会涉及这一点，那么这里就只说如何把握真诚和包装的尺度。

首先明确一点，真诚和包装不矛盾，请允许我用下面的方式来解释它们的关系：

第一，真诚是前提，没有真诚的包装就是造假，在真诚基础上进行的包装才是合理优化。

举个形象的例子，高校表演系在招收大学新生的时候，都要求参加面试的候选学生不能化妆、只能素颜，也一般不会接受整容的学生。

素颜就是真诚，就是一个人本来的样子，适当化妆就是做包装和优化，这种适当化妆是可以的，但是，过量化妆、过分美颜、整体美容就是“变相造假”，切记不要干。

第二，真诚是底线，要保证说的都是真的，但是怎么说就是包装的艺术。

也举个形象的例子，在新闻学和传播学中，客观存在的事实就是底线，没人敢动这个底线，但是可以对客观存在的事实进行合理、合适的剪辑、拼贴，这就是包装。

新闻就是对客观事实的加工和整理。从这个角度看，电影艺术中的“蒙太奇”手法就是这种方法的集大成者，蒙太奇（montage）在法语中就是“剪接”的意思。

第三，真诚是大部分的状态，包装是小部分的状态，真诚不能被包装注水太多。

还是举个形象的例子，如果一个人给自己倒啤酒，啤酒泡沫太多，看上去倒满了，实际上啤酒只有一点点。这种人在酒桌上是不受欢迎的，因为喝酒“太假”，不是不允许泡沫出现，而是啤酒的泡沫最好只有薄薄的一层，静置一会儿就逐渐消失。

真诚和包装的关系十分微妙，我没法用具体的案例来进行说明，因为具体的案例都太个案了，不具有普遍性的意义和价值，所以我最后选择用这种打比方的形式来进行说明，需要结合具体的情况进行揣摩，这比较考验人的悟性。

4.1.3 找到面试心流状态

在生活中，很多人都有这种体验：当十分专注地做一件事情时，其他事情都忘了，这叫“忘我的状态”。高频出现的场景是好朋友之间特别投入地聊天。

我在写这本书的时候，也有这种“忘我的状态”，思绪变成电脑屏幕上的文字，而键盘和手指只是不同的工具而已。这种状态在写作中也叫“心流”，就是我的内心对一件事情是怎么想的、怎么思考的、怎么构造的，就怎么说出来，不加过多的修饰，力求真实、准确和直白，最终希望读者感受到这种赤诚。

在面试中，其实也一样，最好的面试状态就是心流的状态，或者通俗点说叫“走心”，因为面试本质上也是一种带有明确目的的人与人之间的深度沟通和交流。

聊天、写作、面试，等等，一切高质量的沟通和交流，只有心流的状态才是最让双方满意的状态，要想达到这种状态，真诚、真实、坦诚就是最关键的要素。

我举一个例子。

接受过我的面试或者咨询辅导的人都知道，我在面试或咨询中有一个标志性的动作——和候选人、咨询者一起回忆、回顾TA过往的职业生涯、人生经历中特别重要的片段和转折点，因为正是这些关键时刻（key moment）构成了现在的TA、独特的TA，我希望成为TA关键时刻的见证者，better later than never（迟做总比不做强）。

在真诚的引领下，我作为面试官或咨询教练，听过很多让我感同身受的经历，和候选人或咨询者一起共情体验，正是这种心流的状态，让我相信这个人，也让这个人对我产生信任，如果没有这份彼此间的信任，后面的很多机会和决定也不会朝着有利的方向发展。

但是在实际的面试中，也有人选择“不走心”，其中有面试官，也有面试候选人。

比如，有很多面试官会在面试中或明或暗地采用“压力面试”（stress interview）——有意制造紧张，以了解面试候选人将如何面对工作压力。面试官通过提出生硬的、不礼貌的问题故意使面试候选人感到不舒服，针对某一事项或问题做一连串的发问，打破砂锅问到底，直至对方无法回答。其目的是考查面试候选人对压力的承受能力、面对压力时的应变能力和人际关系处理能力。

使用这种“压力面试”方法的理由看似合情合理，即为了了解面试候选人的抗压能力和在压力之下的本能反应，但是以我的观察和实践来看，使用这种方法就意味着面试官本身也“不真诚”“不走心”，用这种方法得到的资料和结论也不适合当作定性依据。在适用的人群上，“压力面试”更适合需要经常面对各种压力的高级管理人员。

但是，用类似于“压力面试”这种不走心方法的面试官，显然没有不走心的面试候选人多，特别是优秀公司的面试官还是特别希望和面试候选人进行真诚的心流沟通的。而许多面试候选人却因为各种各样的原因，无法让自己很快进入心流的面试状态。

比如，我之前有个朋友在从媒体公司跳槽到甲方公司的过程中，找我咨询跳槽的方法和优势，我问了TA一个动机性的问题：为什么要跳槽？TA回答我说，现在对自己的职业定位是“一把快刀”——我翻译一下，就是被别人用起来很好用，但本质上还是“工具人”。

在职场中，被别人用起来很好用说明TA的职业价值得到了一定认可，如果TA甘于此种价值认可的方式也不错。但是，这种方式最大的局限性在于，自己首先把自己定位成拥有某种技能的熟练工，以工具人的身份和姿态出现在面试中。那么，面试官只用纯工具的价值来衡量你、用商品的价值来判断你，整个面试过程也就跟心流无关了。

我相信，这个朋友有一天一定会想明白这一点——别人怎么对待你，取决于你怎么塑造自己。在面试中，当你主动进入心流的状态，真诚地、走心地和面试官进行深度沟通和交流，面试官一般不会拒绝。然而，如果你一开始就摆出一种工具人的姿态，那就真的别怪别人把你当成工具人。

其实，总结起来就一句话——坦诚地对待自己，真诚地对待别人，将心比心更好。

4.2 内容策略：始于复盘，终于细节

在上一节，我说到面试是带有明确目的的深度沟通，在下一章“面试战术篇：先亮价值，后亮底牌”中还会详说。那么，既然面试是一种深度沟通，总要提前想好和准备好沟通的内容吧。

我曾经辅导过的一个咨询学员，在这一点上让我印象深刻，TA会把常见的面试问题的答案写成文稿并背诵，以便面试的时候对答如流。这是一种好的内容策略吗?

接下来本节就重点探讨一下面试的内容策略，需要说明的是，因为候选人进行面试的整个流程十分复杂，所以本节要讲的内容策略主要集中在简历和面试的内容策略上。

4.2.1 复盘才有好内容

所有找我咨询职业问题和商业问题的人，我只要决定与之合作，无一例外地都会从复盘开始——复盘本是工作中的一个好工具，但是它的价值和应用场景远远不局限在工作中，它可以应用在任何一个领域，生活中、关系中、沟通中，等等。

举一个例子带大家感受下咨询复盘。某个周末有一位咨询者约我见面交流，因为TA将在下周一同时面试两家互联网大厂，此前TA有过一次

很糟糕的大厂面试经历，所以希望我帮助辅导，我们一共聊了6个多小时，咨询费我都觉得贵。

对TA的复盘涉及三个方面：职业经历、阶段动机和发展特点。已略去隐私部分。

从职业经历来看，这位咨询者先后在3家公司工作过，TA的第一份工作是在传统制造业公司，后来转向在线教育行业，相对应的岗位变化是从管理培训生转向互联网运营岗。

从阶段动机来看，工作5年，其中3年为运营岗，处于专业化职业发展路线的开启阶段，需要一个更加体系化和专业化的职场平台完成自身的运营精进之路，比如大厂。

从发展特点来看，虽然工作了5年，但是TA在专业领域的发展一直是野蛮生长，浪费了一些专业精进的机会，略有原地踏步的情况，行业的积累不多，归属性也不强。

可以分享的复盘内容就是这些，其实在我们真正的咨询过程中，还涉及了一些很深入、很私密的复盘，并且都是对下一步的职业发展和职业经营非常重要的内容。那么，问题来了，为什么要进行这种复盘？这三个维度的复盘和面试有什么关系？

第一，这种复盘是完善和精确的自我认知，为下一步的简历优化和面试交流打基础。

可以这么理解，如果一个职场人可以对自己有清晰的认知，或者能借助外部咨询达到这种清晰的认知水平，那么这个职场人其实已经很了解自己过往职业发展的一些优势（行业、岗位、技能等方面的优势）和劣势（经验多少、专业水平高低、平台大小等）了，在这个基础之上，职场人才有可能找到调整和优化简历的思路，更好地准备面试。

第二，这种复盘可以提前和面试官“对齐”，用面试官的视角看待自己的过去。

不论承认与否，在一个职场人的简历呈现在面试官的面前，并且职场人和面试官进行深入交流之后，面试官其实会对这个职场人的职业经历、阶段动机和发展特点等进行初步判断。在一个具体的场景中，当面试官在写判断意见的时候，这些维度上的意见是决定一个职场人能否进入下一轮面试的重要参考指标。

第三，这种复盘可以帮助职场人做出真正符合自己职业价值观的职业发展的具体选择。

比如，应该坚守原来的行业，还是转到新的行业；追随自己喜欢的行业，还是寻找风口行业；是进大厂深造，还是待在垂直行业的头部公司；是选择大厂中的阿里巴巴、腾讯、美团，还是选择大厂中的小红书、拼多多、字节跳动；是选择运营岗位里的用户运营、活动运营、内容运营，还是选择运营岗位里比较新潮的直播运营、社群运营、私域运营；等等。

当然，这种复盘的方法不仅在面试中用处不小，它还有一个典型的应用，就是对项目的复盘，对于高薪职场人和优秀职场人来说，它几乎是必不可少的。

在做项目时，及时复盘和梳理可以让项目人员获得更多的思考和可复用的方法；在做简历和准备面试的时候，进行这种复盘和梳理，就可以让职场人的职业价值更容易被识别。

比如，我自己在阿里巴巴、美团等大厂做项目时，以及我在辅导很多走专业路线的市场、运营、公关等领域的职场人时，都采用了很多结构化的项目复盘和呈现方法。最经典的一种结构是“背景—问题—策略—方法—效果”，也可以浓缩为“背景—策略—效果”，这种结构既可以用在项目复盘中，也可以用在简历的项目梳理和价值呈现中。

项目背景可以让不了解、未参与的面试官跟候选人补齐信息差，了解项目是在什么条件和环境下进行的；项目策略可以让面试官了解候选人做项目的核心思路是什么，它对项目的成败起着关键性的作用；而项目效果，一方面可以验证候选人的思路是否正确、可用，另一方面，它可以最直接地体现候选人的职业价值和商业价值。这三点在简历的项目梳理中缺一不可。

如果我们按照以上这种结构化的复盘方法梳理职业、简历、项目等，可以试想一下，同样是两位面试候选人，一位候选人从简历到面试环节，和面试官沟通的内容都是零散、缺乏深度思考和体系化呈现的，而另一位候选人从始至终都把沟通内容准备得有条理、有深度、有体系，那么谁更可能成为面试幸运儿就显而易见了。

4.2.2 只有细节才可信

前面说到面试中的各种内容都要“始于复盘”，才会有好的沟通效果。那么，对这些内容要复盘到什么程度呢？先说结论，只有细节才是可以相信的，面试官可以不问那么多细节，但是候选人要准备很多细节。

还是以前面提到的某个周末约我见面交流的那位咨询者的故事为例，TA在咨询后的下周一要同时面试两家互联网大厂，此前有过一次很糟糕的大厂面试经历。在咨询的中间阶段，我问TA为什么此前面试大厂的经历很糟糕，TA说面试官问了很多细节，而自己准备不足。

那一次是某大厂想做在线教育业务，所以选中了TA这种有在线教育行业背景的候选人。在面试中，面试官不但问了TA操盘的某一个项目的背景、策略、效果等，还追问了很多细节，比如，这个运营活动是什么时候上线的？上线当天的数据如何？整个活动期间的留存和转化情况如何？（留存和转化是运营岗的专业词汇）。

因为操盘这个项目已经过去很久了，所以很多细节已经模糊不清，在这些面试官关心的细节交流中，TA明显准备不足。虽然这不是导致TA那一次面试大厂失败的根本原因，但是这种准备程度确实会给面试官留下“准备不足”的印象。

那么，你一定会疑惑为什么面试官会不断追问细节，尤其是大厂的面试官们。

首先，面试是带有目的的深度交流和沟通，要想达到一定的面试深度，双方必然会进行很多业务层面的探讨、提问和互动。从某种程度来说，面试官不再把候选人仅仅当成是候选人，而是当成准同事去平视、对待。

随着沟通细节越来越多，彼此交流的状态越来越好，甚至还会出现我在本章第1节中说到的心流状态，面试官和候选人都有相见恨晚之感，这时候双方都认为“找对了”。

其次，深入了解一个人是如何思考的，判断其职业特质和风格、价值观等，不断追问细节才是最好的方法；相反的，泛泛之问或者浅尝辄止，基本不太可能接触深层的、本质的问题。

比如，我在大厂工作时面试过数千人，在考查他们的专业能力时，我一般都会请对方分享一个TA自己的特别有代表性的成功案例，然后我就像听汇报的人一样听对方讲述，最后我会跟对方核对和确认所有细节性的内容，当然也包括我的疑问。这个环节会排除掉很多人，比如只知道干活儿却不知道为什么的人，只会执行却不会策略性思考的人。

“硅谷钢铁侠”埃隆·马斯克也是这样，他曾经公开分享过他面试员工的方法：要求面试候选人讲述在工作生涯中处理过哪些棘手的问题，处理得怎么样，以及在关键节点时怎么做决策，等等。马斯克提问对方解决问题的细节，然后看对方能否回答出来。

虽然追问细节的目的不是验证候选人是否在说谎，但在实际的面试中，这种对于细节的追求确实能发现很多职场人言过其实，或者像本章第1节中讲的“不真诚”，从结果来看，追求细节也有这种意外的收获和作用。

这一点要多说一句，对于优秀公司来说，面试的沟通成本很高，所以很多公司是先选择相信候选人，而不是先质疑候选人。也就是说，相信候选人说的都是真的，然后一起探讨细节，看看难度这么大的事是怎么做成的，相互交流、学习一下。

优秀公司之所以优秀，恰恰是因为有这种开放、分享的精神，互助、利他的行为，以及对业务细节和专业操作的孜孜以求。只是没想到，有些面试候选人会有不真诚的行为，那么不好意思了，不是一类人，不进一家门。

所以，对于准备参加面试的候选人来说，只有充分准备关键的细节才能把握住机会。

当然，每个面试官在面试沟通内容上关注的细节也不同，比如有些面试官很介意面试候选人的简历中出现语法错误、逻辑错误、错字等，有些面试官很介意面试候选人缺乏业务思考和业务沉淀，或者缺少未来发展的可塑性。所以，这样看来，面试候选人除了要准备普遍性的细节，还要准备一些个性化的细节。总之，需要细节满满。

4.3　节奏策略：不断寻找合作最大交集

在我的知乎号和视频号“灿哥和朋友们”上，经常有正在准备面试的求职者问我这类问题：“灿哥，大厂的面试流程是什么样的？”“灿哥，大厂的面试流程为什么那么长？”

对于这样的问题，我一般都直接忽略，因为大厂的面试流程和一般公司的面试流程并没有太大的差别，都是从简历筛选到电话面试，再到线下面试（一面、二面），再到终面，这样3～5轮面试之后，开始对候选人进行职业背景调查，候选人顺利通过调查后就可以入职了。

我内心真实的想法是这种面试流程中的东西不太重要，因为这就是公司招聘或者HR制订的标准流程，跟着流程走就好。不熟悉流程对面试本身没什么影响，而熟悉流程也只是减少一些陌生感，让自己心里更踏实一点，仅此而已。

那什么重要呢？相比于面试流程，面试的节奏和节奏感才是重要的，好的节奏和节奏感可以让参与面试的双方都感到满意，各有收获。不过，确实有很多候选人不太了解流程和节奏的区别，并且会诧异面试还有节奏感吗？我下面会对比着来分析。

4.3.1　流程在明，节奏在暗

为了让大家更好地感受流程和节奏的区别，我举一个特别典型的例子——陌生男女从认识到结婚的过程，正好我亲妹妹2020年结婚，这个过程我很熟悉。

一对陌生男女从认识到结婚，大致会经过这些流程：先是认识；接着是恋爱，确定恋爱关系；然后是父母见面，商量订婚和结婚；最后是领证和举行婚礼。虽然实际的过程可能会与这个完整的流程略有出入，但是大致都遵从这个流程和先后顺序。

但是，换成节奏就和流程差别很大。开始可能相互吸引，也可能彼此无感，刚开始的感情节奏可能很快也可能很慢，直到某个节点的到来，比如共同经历了一次感觉很棒的旅行后，关系迅速升温，节奏开始加快，等再次享受到某个巅峰体验，比如求婚，或者到了其他很有仪式感的节点，心想：这辈子就TA了吧。

这么一对比起来就能发现流程和节奏的差别太大了。它们之间为什么会有这么大的差别?

一是因为流程是外在的表面形式，可大可小、可长可短，对比起来差别不会很大；而节奏是内在的心理状态，基本都会完整经历整个过程，对比起来千差万别，各不相同。

二是因为流程是事务性的东西，旁观者可以看到，参与的人也可以看到；而节奏是体验性的东西，只有深度参与的人才能看到、感受到，旁观者很难看透，这是本质性区别。

其实，面试也是这样，同样存在面试流程和面试节奏。我在写现在的内容时，正好收到了一位正在辅导中、马上就要拿到大厂Offer的同学发来的喜讯，他已经通过了终面，接下来就是谈薪、定级、背调、入职等流程了。我让他写下整个流程和节奏，公开分享如下。

一面：2月3日，电话面试，业务平级普通员工。

（1）聊了大概1个小时，主要内容是项目的细节，问得比较深入，除此之外，也简单问了下管理风格、创业情况等。

（2）自我感觉整体面试情况较好，基本来讲，问题都与我平时的工作相关，也都有准备。

二面：2月7日，视频面试，直属领导。

（1）将近1个小时，聊了我的公司、我团队及我个人在公司的情况。更多的是从行业认知、整体方法论等维度进行考察。

（2）自我感觉整体面试情况较好，基本来讲，回答的点比较有深度。

三面：3月1日，视频面试，部门领导+HRG（人事专员）。

（1）半小时左右，部门领导主聊，HRG副聊。

与部门领导：主要聊了我目前的工作内容、所在团队情况、所在企业盈利模式及规模、所在行业格局、为什么加入所在企业等，整体上偏宏观。

与HRG：聊了离职原因、家庭情况、薪资情况及薪资期待、最快多久入职等。

（2）自我感觉整体面试情况较好，我面试呈现出来的状态也很正能量。

从上面这个真实记录中，我们可以很明显地发现，流程是业务平级普通员工进行的一面+直属领导进行的二面+部门领导和HRG进行的三面，这种流程也是大多数公司的招聘流程，是表面的、差别不大的、即便不参与也知道的事务性东西。

而面试的节奏是什么呢？包括两部分：面试官面试的重点和候选人的对应感受。

先与一线的普通员工进行业务交流，都是谈特别具体的内容，感受是比较踏实的；接着是直属领导从行业和方法论角度进行考察，互动的感受明显加深；最后是部门领导和HRG问一些宏观的和职业的问题，难度不大，但十分严谨。

4.3.2　面试节奏感：合作最大交集

在上面这几轮面试中，随着每一轮面试中一问一答的逐渐深入，双方获得的有效面试信息越来越多，双方对于彼此是否合适逐渐有了特别清楚的答案。

我记得我当时进阿里巴巴前前后后进行了5轮面试，持续了1个多月，最后一轮面试结束后虽然还没有收到通知，但是我心里基本已经判断出来非我不可了。

实际上，每多一轮面试，这种对彼此合适、可以合作的信任感和判断力就会增加一点。在我开了职业咨询事务所，开始专业的职业咨询和辅导后，我更有同感。

在面试了数千位优秀职场人、成功辅导了数百位咨询者后，我把一次完整的、高质量的面试的节奏感梳理成“面试五重奏”，你只要掌握这种面试节奏，大概率能获得满意的Offer。

一重奏：简历初步筛选。候选人通过公开的社会招聘（简称“网申”），或者熟悉的内部推荐（简称“内推”）投递简历，只要接到面试邀约就算完成了第一步联结。

如果没有接到面试邀约，也不用泄气，可能的原因有很多，可能是自己真的不适合，可能是合适的岗位还没有出现，也有可能是竞争力不够，等等。如果想知道明确的原因，可以直接向HR询问，也可以找职业咨询机构进行第三方判断。

关于这一点，一定不要自己轻易下定论，你以为的原因可能并不是真正的原因。我曾经帮助很多想进大厂的职场人进行专业咨询判断，有些很优秀的职场人碰到这种情况，也会怀疑是不是自己的能力有问题，而咨询后发现只是因为岗位不匹配，跟能力无关，他们通过咨询重新找到了合适的目标岗位，顺利进入了大厂，升职加薪。

二重奏：业务一线员工接触。因为优秀公司的用人标准是“业务导向”，所以一开始大多是业务一线员工进行同级面试，可能是电话面试、视频面试，也可能是见面面试。

著名的战地摄影记者罗伯特·卡帕有句名言：如果你的照片拍得不够好，那是因为你靠得不够近。业务一线员工也是这样，他们最了解业务岗位需要什么技能，怎么才能获得业务成果。所以，千万不要小看业务一线员工的判断能力和专业程度。

事实上，在业务一线员工接触环节就终止面试的大有人在，这就是所谓的“一轮游”，根本原因就是候选人没有展现出自己在业务上的优势和价值，我在第3章“面试准备篇：信息情报，多快好省”中用了大量篇幅说明要对行业、公司、岗位进行全方位的准备，就是这个原因。

三重奏：直属领导判断。进展到这里，一个招聘岗位的直属领导就会出现了，他们需要从管理、团队、专业、技能等多方面对候选人进行判断，保证不会出错。

四重奏：部门用人决定。能到这里，胜利就在眼前，可能只有两三个候选人在进行最后的PK，部门领导开始展现出他识人、察人的手段和用人、育人的偏好。

五重奏：HR介入执行。如果部门领导十分中意某个候选人，HR的工作就好做多了。如果不是这样，HR还要结合用工成本、人才价值观等因素进行综合评判。

单看介绍“面试五重奏”所用的篇幅，也可以大致感受到，前两轮是最需要小心的，并不是因为前两轮比后三轮更重要，而是因为前两轮的淘汰出局比例非常非常高。

我结合真实的经验和案例做了一个非完全统计的模型，假设某个招聘岗位收到1000份简历，通过简历初选的只有500份，通过简历二选的只剩下200份，而值得让业务一线员工直接接触的只有20人了，那么第一轮、第二轮的淘汰率分别是80%和90%。这20人依次经过直属领导判断、部门领导决定和人力资源谈判，每一轮都会筛选掉一些不合适、不匹配的候选人，能继续进行下一轮的基本都是合作交集更大一些的幸运儿。公司会通过这一系列的面试节奏，最终发现那个拥有合作最大交集的候选人。

4.4 互动策略：请照顾好你的面试官

上一节说到了面试整体的节奏感会贯穿3～5轮面试，候选人可以接触不同层级的面试官。按照时间轴来看，它们呈现纵向递进的关系。但是，具体到每一轮，面试时间短则半小时，长则1～2小时。这样一个个具体的面试场景中还涉及两个特别重要的策略——互动策略和博弈策略。

本节先来说互动策略，下一节说博弈策略。还是先由一个具体的面试场景切入，带大家感受一下面试场景中的互动策略是如何影响面试官的。

4.4.1 为什么需要互动策略？

当参加面试的候选人开始面对某一位具体的面试官时，双方之间存在很明显的信息差，也就是信息不对等。比如，面试官至少已经通过候选人的简历信息对候选人有了大致的了解——生理信息、工作背景、项目经验、技能优势等。而此时，候选人对面试官的了解仅有表面可见的信息，比如性别、身高、年龄、衣着等外在的信息，对面试官的职业背景、工作风格、性格特征等一无所知，而后面这些才是对面试官如何选人、用人起重要作用的。

虽然我们都知道，面试官是代表公司或组织进行人才面试的人，但是因为面试是人与人的深入沟通和交流，再加上代表公司或组织进行面试的面试官，可能是日后会经常打交道的HR，也可能是部门的同事、领导，面试官的职业背景、工作风格、性格特征就不可避免地会影响面试的评判标准。

举个例子，在我辅导过的职业咨询案例中，有一位咨询者已经通过了某一线大厂的一面、二面和三面，按照正常的流程，下一步应该开始谈薪了。但是让人疑惑的是，HR通知一面的面试官还要对TA进行复面，这种“不按常理出牌”的面试虽然常有，但是碰到时还是会让人充满疑惑，不知如何准备。

就像我前面说到的，这时候也存在着明显的信息不对等——面试官和HR一定知道为什么要进行复面，而这位咨询者却不知道为什么。

于是我仔细地了解了这位咨询者每一轮面试的基本情况，以及TA自己的面试感受和复盘总结，我告诉TA两点原因：第一，这位面试官大概率是想通过复面再感受一下这位咨询者是不是适合该岗位，因为一面距离三面的时间有点久，一面的时候也没确定人选，不会重点关注TA；第二，小概率是针对咨询者的一些特点进行判断，因为这位面试官以后会经常和咨询者打交道，需要对未来可能成为同事的人进行再次确认。

分析完之后，我结合对这位咨询者和目标岗位的了解给了TA两个互动建议，一是整体上放轻松，感到有压力的时候更要放松；二是顺着这位面试官的问题，边想边说，不要做太多延展性的回答。

果不其然，这位面试官其实就是想再次感受下、判断下，只不过和一面相比，换了一种面试方式——压力面试，问了很多有一定压力和挑战性的问题，让这位咨询者代入式地回答。因为这位咨询者已经根据我的两个互动建议做了准备，所以都能应对自如。

举这个例子，并不是想说我的咨询辅导有多厉害，而是想说，在任何一种具体的面试环境中，因为面试双方的信息不对等，候选人往往是处于劣势的那一方，只有提前考虑和设计互动策略，才能充分展示自己的优势和能力。

但是，在实际的面试中，很多职场人是没有这种互动策略的。让我们来感受一下没有互动策略支撑的面试是什么样的，希望优秀职场人和高薪职场人能避免这样处理：

面试官问什么就答什么，不问不说话。这类候选人说得好听点，叫老老实实、规规矩矩；说得不好听点，叫没有想法，生搬硬套。对于面试官来说，这种面试简直是一种煎熬，面试官一定想尽快结束这种不愉快的交流和沟通。

不论面试官问什么，候选人都像在背书一样。这种情况很常见，而且已经形成了一种误区——有人教这种面试回答套路，有人付费学这种面试回答套路，简直是可笑。

在面试官面前，不能完全放松自己，不能呈现真我状态，这就会导致两个问题，一是很难进入面试的心流状态；二是很难说服面试官坚定地相信你、选择你，其实面试官很需要这种信服的感觉，下面会详说。

4.4.2 请照顾好你的面试官

我在大厂工作的时候，经常要和HR、猎头交流某些岗位、某些候选人的事情，在和他们的沟通中，我发现，HR、猎头有时候会有这样一种很好的状态：

比如，HR突然很兴奋地跑过来跟我说："灿哥，我谈了一个很棒的候选人，恨不得立刻让TA入职，不然就跑掉了。"我听完感觉HR像捡到宝一样开心。再比如，猎头在面试了一些候选人之后，也会很兴奋地跟我说："灿哥，我帮你找到了两个特别好的苗子，你抓紧看一看，我们好继续推进。"

一般来说，当HR和猎头呈现出这种状态时，对应的候选人确实还不错（不能只是巧合的因素吧），然后我就会继续留意和深度观察这些候选人，看看他们到底有什么共性，居然可以让HR和猎头主动为他们说话、推荐他们，我自己和他们聊了以后发现：原来，他们在各种面试的具体沟通中都很会使用互动策略。除去个别投机取巧和不真诚的互动策略，比较有效的互动策略有激励式互动策略、追随式互动策略和挑战式互动策略。

这三种互动策略不仅广泛存在于我在大厂工作时面试过的数千名候选人身上，更让我所辅导的很多职业咨询者受益良多，最终帮助他们成功拿到大厂Offer。如果用一种不商业化的表达方式，我倾向于说：他们很会照顾自己的面试官。

对，千万不要把面试官当成不苟言笑的考官，更不要把面试官当成手握生杀大权的怪兽，他们也是有血有肉、有情绪、有思考的真实的职场人，请记住这一点。

第一类，激励式互动策略。顾名思义，就是进行面试的候选人积极主动地跟面试官进行语言、情绪、信息等方面的高质量互动，激发面试官的兴趣和参与积极性。

我当面试官的时候，有一位候选人让我印象深刻。当时这位候选人在做“1分钟自我介绍”的时候，想介绍的内容很多，所以就先浓缩成1分钟，但是中间加了一些悬念，末尾说了句“如果再多1分钟，我就有时间解释了”，这样不仅吸引我继续听下去，引起了我的注意，也赢得了更多自我表达的时间，我感受很好，现在还记得。

这一类策略有很多具体的表现，限于篇幅，这里就不展开了。但是提醒一点，激励式互动策略的核心在于激发面试官的兴趣和参与积极性，如果能激发，效果都会很好，但是如果把握不好，没能激发，或者面试官不吃这一套，现场可能会极度尴尬，所以要看情况具体思考。

第二类，追随式互动策略。这个很好理解，就是跟着面试官的关注点以及面试议题进行流动和转移，采用这种策略会让面试官有种“很容易follow自己”的感觉，就像跳探戈，一般男舞伴是主导者，女舞伴“很容易follow”就十分重要。注意，我的意思并不是说，也没有暗示在面试中女生也要follow男生。

这种follow的策略，可以让整个面试很顺畅、很高效，因为它意味着面试官会主导整个流程和节奏，但是，这种策略如果用不好，也会让面试官认为候选人没有想法。

举个例子，我之前辅导过一位想转行进甲方公司的记者，这位记者性格比较柔和，工作中配合度很高，很少说拒绝的话，这种背景的人做记者往往人缘较好，能够获得广泛的信息渠道。但是，如果站在甲方的角度来看，就会有很多被动的地方。在面试中，TA也呈现出“很容易follow”的状态，经常被面试官的话题“带跑”。

第三类，挑战式互动策略。什么？挑战面试官吗？当然可以啊，有什么问题呢？敢于用这一种面试策略且能用好的，一般都会给面试官留下极其深刻的印象。因为，挑战式互动策略的核心价值在于启发深度的思考，获得更多有价值的信息。

在上一节面试的节奏策略中我曾说过，业务一线的面试官和业务部门非常看重候选人对于业务的思考、积累和沉淀，如果把挑战式互动策略用在和业务面试官的交流中，可能会出现这种情况：面试官分享了自己对于行业热点的看法和观点，候选人却持有完全不同的看法和观点，并且有理有据地讲述了自己的分析和思考，没有漏洞。

可能会有很多人认为，这样会让面试官感到“很不容易follow”，但如果面试官正好是一个欣赏并鼓励候选人有自己独立思考、深度思考的人，那么这位候选人就“中奖”了。事实上，上面的这种情况就曾经发生在我身上。很多优秀公司是特别鼓励这种开放、有深度、经得起挑战的交流的。

总结一下，在使用得当的情况下，激励式互动策略可以最大限度地激发面试官的兴趣、引起面试官的持续关注；追随式互动策略可以最大限度地让面试官感受到候选人的合作精神和合作技巧；挑战式互动策略可以最大限度地让面试交流走向有深度和高质量。在实际的面试中，三种策略往往是结合在一起的，需要多多设计和练习。

4.5 博弈策略：绝对力量面前，博弈都是浮云

博弈，原意是指下棋，棋盘的两方或者多方按照下棋的规则进行“攻城略地”，各取收益。后来这一概念被广泛引入商业、职场和竞争等现代领域。它的意思也被引申为，在一定的条件下，按照一定的规则，参与博弈的几个玩家（player）选择适合自己的策略实施行为，并从中获得各自的结果和收益。

一个广为人知的场景就是各种竞技类体育比赛，比如我看了十几年的NBA比赛。NBA中的各个球队为了争夺总冠军的胜利和荣耀，组建了自己的团队，但这个团队不是胡乱组建的，而是要综合考虑进攻体系、防守体系、球员特点、薪资成本、竞争球队等多种重要因素，最后利用博弈策略来取胜。

同样的道理，在优秀职场人和高薪职场人的面试场景中，博弈策略也是需要提前考虑和设计的。相比于上一节的互动策略，合适的互动策略会让面试的表现更好，那么有效的博弈策略就会让面试的天平向有利于自己的一边逐渐倾斜。

4.5.1　面试场景中的五点博弈

在我辅导过的真实咨询案例中，有位咨询者一直在自己的垂直行业工作，从一线开始做起逐渐成为公司的管理者，但是由于公司本身是垂直行业的第一名，而咨询者的成长速度明显超过了公司的发展速度，所以TA希望从垂直行业第一名的公司跳槽到某个综合性大厂，可以让自己的资源更多、眼界更宽、格局更大。

这种情况还是比较普遍的，很多公司在细分行业和细分领域是第一名，我们叫它们“隐形的冠军”。从这个词就能发现这类公司的特点，一方面它们在细分行业和细分领域已经做到了最好，成了冠军，但是另一方面因为它们不是综合性的大平台，所以外界的知名度没有那么高，能够获得的行业机会、市场机会比较有限。

那么，当这种公司的职场人想要跳槽出来，很多人会优先考虑综合性大平台。他们在进行面试的时候，碰到的博弈就特别明显，用得好会事半功倍，用得不好会事倍功半。比如，这位咨询者当时就面临至少三个以上的博弈性选择：

已经在垂直行业第一名的公司供职多年，积累了很多本行业的资源和人脉，这些优势并不想放弃，如何在面试中展现优势并获得相应的议价能力？

跳槽进综合性大厂平台，强者如林，都是高手。在面试中，应该更多地展现自己的业务能力，还是管理能力？这会影响之后的业务路线和管理路线吗？

同时接触的三个综合性大厂，各自所在的行业、拥有的团队及提供的发展空间都不太一样，很难区分出明显的优劣，这种情况下怎么进行综合比较并选择其一呢？

这三个问题是最突出、最关键的博弈性问题，而要在咨询中有针对性地解决的问题，其实还有很多，这里就不说了，再继续说下去，估计这位咨询者就担心被曝光了，哈哈。

只看这三个问题就已经能发现这些问题的复杂性，难怪只能求助于专业的职业咨询机构进行解决。怎么解决呢？这里我需要先引入解决问题的思路——面试场景中的五点博弈，不论是什么具体的问题，最终都指向这五点根本性的博弈。

它们分别是：①你是谁？②你为什么来到这里面试？③你有什么专业的技能和本领？④和其他候选人相比你有什么独特的优势？⑤你的追求，我们能满足吗？

这五点不仅是候选人自己要想清楚的，也是面试官所有问题的最底层指向，这意味着围绕这五点的所有考量和互动，最终构成了候选人和面试官的博弈。

比如在“压力面试”中经常出现的问题——当你和领导意见不合时怎么办？这个问题表面上是考查你的人际关系处理能力，属于软技能，但是从五点根本性的博弈上看，它的核心指向是“你是谁？”以及“你的追求，我们能满足吗？”

“你是谁？”决定了碰到这种意见不合的情况时，你可能的第一反应和本能反应是怎样的。如果你性格平和、情绪稳定、容易合作，你大概率会求同存异；如果你性格强势、掌控欲很强，你大概率会做出一些激化矛盾的事情，不利于合作。

“你的追求，我们能满足吗？”决定了碰到这种意见不合的情况时，你可能采取的措施是什么。如果你追求的是做正确的事、对事不对人，你大概率会开诚布公地表达和谈论自己的观点；如果你追求的是群体性认同，你大概率会忍气吞声、保留自己的意见。

说到这里，相信你已经对这五点根本性的博弈有了很深的理解，那我们一起来试试，怎么用这五点博弈来解答案例中的三个问题。

第一个问题是“想在面试中，通过积累的行业资源和人脉提高议价能力”，主要指向“你为什么来到这里面试？”“和其他候选人相比你有什么独特的优势？”

假设你所应聘的岗位确实很需要你之前积累的行业资源和人脉，同时和其他候选人相比，你积累的行业资源和人脉有足够的含金量和竞争力，那么，通过面试提高议价能力是很有可能实现的。这就是你面试的原因和差异化优势。

第二个问题是“面试中更倾向于走业务路线还是走管理路线”，主要指向“你有什么专业的技能和本领？”“你的追求，我们能满足吗？”

这里既反映你自身的业务水平和管理水平，是绝对的专业技能和本领，也包括横向比较后得出的相对的专业技能和本领。同时，非常重要的是，你自己的职业发展和经营追求是什么？是综合发展还是有所倾向的发展？

第三个问题是“Offer的比较和选择”，主要指向“你是谁？”“和其他候选人相比你有什么独特的优势？”“你的追求，我们能满足吗？”。

最理想的面试Offer的选择，一定是跟你高度契合的，所以要清楚“你是谁”。优秀职场人和高薪职场人都知道，人只能赢在自己的优势上，要学会定位和放大自己的职业优势，这样最终选择的Offer才最能反映出你真实的职业诉求。彼之砒霜，吾之蜜糖，适合自己的，就是最好的，在职业上更是这样。

考虑咨询的保密性，这里只说解决的思路和方法，不说最终的答案。不过这并不妨碍得到这样的结论：围绕这五点根本性的博弈，准备得越充分，对各种各样的问题就能应对得越自如。

这有点像打篮球的基本动作，或者说分解动作，就是运球、跑位、投篮、上篮等，基本动作掌握得越熟练，实战的时候就越能灵活地、近乎本能地自由发挥。

4.5.2 绝对力量面前，任何博弈都是浮云

既然是博弈，就要充分利用各种条件和要素，形成最有利于自己的局面。比如，很多候选人都会使用“以小博大”这种博弈策略。

举个例子，我辅导过一位咨询者，一开始的时候TA没有职场上撒手锏级别的武器，最后我们咨询下来，决定把TA的商业化能力孵化成“撒手锏”。经过一段时间的成长和操作，TA完成了一些不错的业绩，之后又凭借这些业绩成功跳槽到了某大厂。

可以说TA实现了比较顺利的职业“三连跳”，但是从博弈策略来看，这种策略就是典型的“以小博大”策略——从一个很小的切口入手塑造自己的核心价值和稀缺定位，然后逐渐放大、验证、形成闭环，不断撬动更多人、财、物投入进来，最终获得职业的跳板。

既然博弈策略会产生如此大的作用，是不是凡事都可以通过博弈来做成？

还是以本节开头说的打篮球为例，篮球队在挑选篮球运动员的时候，会考察很多他们身体的基本指标，比如身高、臂长、弹跳力、速度、耐力等。如果两位运动员在这些基本指标上相差无几，而其中一位运动员的某一个指标略微突出一点，那么这位运动员最后就可能会因为这一点微弱优势胜出，比如臂长更长一点，防守和进攻的能量就大一点。

但是，如果两位运动员在弹跳力上相差很大，而身高、臂长、速度、耐力等指标基本一样，这就会导致在绝对力量面前，任何其他参数都很难奏效。

这里想说的是，把所有可以影响博弈的因素放在一起，如果有一项足够突出，并能够对博弈结果和收益产生本质性的影响，那么即便是很好的博弈策略或者博弈技巧也很难发生作用。这就很像孩子再怎么聪明、再怎么勇敢、再怎么善于学习，如果和健全的大人打架，也是赢面很小，因为绝对力量差别太大。

同样的逻辑，第一，“你是谁？”；第二，“你为什么来到这里面试？”；第三，“你有什么专业的技能和本领？”；第四，“和其他候选人相比你有什么独特的优势？”；第五，“你的追求，我们能满足吗？”——这五点是候选人和面试官进行各种面试博弈的根本性变量因素，只有当彼此的认知和选择差不多处于同一量级的时候，博弈才有可能的空间和价值。如果出现一个专业水平和能力在业内排名数一数二的候选人，即便你已经超过了另外很多候选人，进行博弈获胜的可能性也很小；同样的，如果你对薪酬的最低追求都在面试官能开出的最高薪酬之上，也就没有任何博弈的必要，除非你愿意自降薪酬，以求其他。

总之，面试博弈还是要以一定的条件为前提。所以，你的五点条件准备好了吗?

第5章

面试战术篇：先亮价值，后亮底牌

在本书的前三个章节，我重点讲述了面试的心态、动机和准备，即面试这场“无硝烟之战”的各种筹备工作，因为细节决定成败。在筹备之后，要想打赢“面试之战”，成为最终的胜利者，就要重点关注面试策略和面试战术。其中，策略是指导性思想，而战术是实操指南。

在我的实际工作和教练式咨询中，很多职场人特别关心战术，想要“速成”而不考虑策略。实际上，策略是思路，战术是思路的延展和实施。在第4章五个面试策略的基础上，这一章开始讲述策略指导下的实用战术，这些战术可以运用到几乎所有面试的场景——策划简历、管理印象、有效竞争、争取高薪、职业规划等。

如果知道我会死在哪里，那我将永远不去那个地方。

——查理·芒格

5.1　是策划简历，而不是制作

每个人对简历的理解都不太一样，让我们先来看看三个直观的对比吧，这其中一定有你的影子：

很多人认为制作简历，好像制作蛋糕一样，只要看上去漂亮就行；而高薪人才都是策划简历，不仅会考虑外观，还会考虑主题、逻辑和结构。

很多人对简历的准备是写完简历，最多找做HR的朋友改一改就万事大吉了；而高薪人才找工作都是把HR层面当成第一关，后面的业务层面和老板层面才是重中之重。

很多人对简历的修改只是从职场角度考虑如何应聘上目标岗位以升职加薪；而高薪人才都是借事修人，不断缩小自己与岗位要求的差距，缩短自己与目标职位的距离。

怎么样？是不是被戳中了？这只是表面现象，接下来就结合具体案例进行分析。

5.1.1　你所理解的简历，也许都是错的

所有职场人都有自己的简历，用于求职、面试、晋升等，简历的重要性不言而喻。但是，如果你有兴趣可以问问别人，或者自我反问一

下，怎么理解简历？什么样的简历才是好简历？很多时候你可能会对这样几种简历描述方式印象深刻：

第一种：作文型描述方式。用这种方式写的简历洋洋洒洒数千字，一两页或者好几页A4纸，把自己的职业生涯写完了，有时候还很有文采，大量使用形容词，比如“得力”“刻苦”等。

第二种：记录型描述方式。用这种方式写的简历少了很多具体形容，多了很多真实记录，老老实实把自己的生平履历、职业价值、过往成绩等呈现了出来，读起来有点像看一部真实的纪录片。

第三种：报告型描述方式。用这种方式写的简历有条理、有逻辑，字斟句酌，还有很多专业词汇和行业性的内容，像一份制作精良、专业的行业报告，候选人的专业度和职业度可见一斑。

以上这三种都是在职场中特别常见的简历描述方式，而且很多时候，这三种描述方式会同时出现在一份简历中。

那么问题来了，这三种描述方式对吗？或者说，这样理解和制作的简历是好简历吗？要回答这个问题，我们首先要来看一下简历的作用。

5.1.2 简历最大的作用：引领注意力

说到简历的作用，有些人认为简历就是一块“敲门砖”，用完就没用了；也有一些人认为简历就是一个“门面”，要好好装潢。是这样吗？

其实在我看来，简历的作用可以从对象和目的两个角度去理解。

简历的第一阅读对象是自己，因为做简历的目的是对自己的职业生涯和职业价值进行梳理、复盘、提炼、总结，可以理解为“自我价值表达”。简历的终极阅读对象是公司的HR、业务leader和老板等，因为梳理和复盘职业生涯和职业价值的目的是获得交流机会和认可，进而选择Offer和进行合作。

所以本质上，简历是面向一类特定人群［HR和业务leader为主，我们总体上称之为KP（key person）］、以获得交流机会和认可（简历、笔试、面试都是不同的交流形式）为目的的定向传播。

那么，既然简历是这样一种定向传播，它就必须从始至终引领KP的注意力。说到这里，我们可以站在KP的角度看看什么是引领注意力：

第一，初选简历时。你的简历可以从成百上千份简历中脱颖而出，成为HR印象最深的几份或者十几份目标简历之一——成功率+1。

第二，精选简历和面试时。你的简历可以让HR和业务leader始终难以忘记，他们在看了你的简历之后，还想和你有更多的交流——成功率再+1。

第三，老板或决策人拍板时。当有限的两三份最终入围简历摆在他们的工作台上或发到他们的电脑、手机中，你的简历的打开率最高、停留时间最长——成功率再+1。

如果你的简历能有这样的注意力引领，那么最终你被选中的概率就很大了。用互联网市场和运营的工作思维来解释这个定向传播，你的简历依次经历了获客（海选阶段）—留存（面试阶段）—变现（Offer阶段）。

每一个阶段，都需要靠引领注意力来保证你的简历可以成功进入下一轮。所以，只有能始终引领注意力的简历才是好的简历。

那么，关键的部分来了，怎样才能始终引领注意力?

5.1.3 策划一份有好故事的简历

在生活中，一个好故事可以始终引领注意力。比如“从前有座山，山里有座庙，庙里有个老和尚……”，一个好故事就这样开始演绎。而在职场中，要想始终吸引KP的注意力，每一个职场人也需要策划自己的故事。

有些职场人说，我最便宜，低价总是有市场的，总是有公司买单的，没错，但是，这样讲故事的人很难提价和加薪。

有些职场人说，我最有性价比，公司总是喜欢挑选高性价比的人才，也没错，但是，这样讲故事的人会面临惨烈的竞争，因为性价比高的人很多。

有些职场人说，我能力最强，可以给公司创造最多的价值，公司没有理由拒绝我，是的，确实没理由，这样讲故事的人可能会获得更多的机会，但也并非总是这样。

以上这些故事可能都对，但是相比于一个职场好故事，还是很单薄，不够打动人心。

在我的实战中，不论是进入阿里巴巴、美团、复星等一线互联网公司，还是看了几千份优秀的候选人简历，如果用一句话来总结优秀简历的心法，那就是：只有承载了一个好故事的简历才有持久的吸引力，而好故事都是策划出来的，好简历是演绎好故事的重要一步。

那么一个好故事需要什么？需要人物出场和发展的线索，还需要设置一些矛盾、伏笔、情节等看点，最终得到或者升华故事主题。

策划一份有好故事的简历正需要这三样——主线、看点、主题，具体的方法如下：

第一，职业发展脉络清晰，这是故事主线。

这里需要先带领大家回忆一个面试中特别熟悉的场景：

一般来说，面试官都会让候选人花1～3分钟介绍自己的职业经历，这时候如果候选人可以很清晰地说出自己的职业发展主线，一定很加分。

比如，我是新闻专业出身，大学在各大主流媒体实习，积累专业经验。毕业后加入了最喜爱的互联网行业，从公关策划和文案入行，逐渐学习了营销方面的综合技能，经过在××公司工作和实施××项目的历练，成为行业内Top级的专业人才。

这段话说出来看似如此轻松，其实，这就是一个职场人故事的主线。它不仅是定向传播的高浓缩版的价值和认知，更是策划简历和进行面试等环节的指南针。

不过要注意，很多职场人按照时间先后，先准备简历、后在面试中阐述这段话，这样做是错的。应该是先有这纲领性的发展主线，再有简历、面试的细节来支撑。

如果职场人不知道如何找到自己发展的主线，可以在自己的过往履历中寻找，一旦找到很明确的答案，就要在简历中、后续的面试中反复强化它。

而对高薪人才的判断也是基于这个逻辑。猎头写推荐报告或者业务leader写用人意见一定会写3～5点判断理由，候选人的职业发展主线一定是被首先观察和用于辅助判断的。

同时，职场人的发展主线有一条明线和一条暗线，就像好故事的明线和暗线一样。

明线往往是简历上都有的，如“××年在××公司负责××工作”，以此类推，就是明线；在此之下还有一条暗线，它指向自己职业发展的过往路径、思考和设计。

比如，我刚才所说的职业发展主线，就是先说的暗线，即专业背景—公关切入—综合发展—Top人才，在这条暗线的设计下，才有明线部分的××公司和××项目。

以我辅导数千位职场人进行教练式咨询的实操案例看，高薪人才的暗线和明线都很清晰，其实最深层次的原因是暗线反应对职业的思考，明线是思考的结果。

小结一点：在简历及后续面试中，呈现一个清晰的职业发展脉络是讲好职场人故事的第一步。站在面试官的角度看，你要给TA一个推荐自己的推荐词。

第二，设置议程和主逻辑，这是故事看点。

前面说到，简历本质上是面向一类特定人群、以获得交流机会和认可为目的的定向传播，这种定向传播可以从“一横一纵”两个维度来设置。

先说横向，简历从策划，到投递、过审，再到一面、二面、终面，经历整个流程。

在整个流程中，面试候选人要有特别想让别人了解的职场能力和故事看点，并提前预埋进简历，以便后续面试时“等着”面试官重点了解，这就是横向的议程设置。

比如，我有一位咨询者想在面试中让面试官认可自己在B端和产品领域的积累，于是就在简历中特意提到自己在行业媒体上发表了多少文章，获得了多少阅读量等。

在面试中，面试官“果然”问到了这个问题，因为准备充分、对答如流，所以加分较多。试想一下，如果没有简历中的议程设置，面试官大概就错过了这个闪光点。这是因为在经过初选和精选之后，在后续的多轮面试环节中，简历很多时候都充当“话题引子”和“话题方向”，甚至全部的面试问题都来自候选人提供的简历。

如果候选人能够提前考虑这些定向传播的实际使用场景，在简历策划环节就提前设置好“话题引子”，用简历本身引导好的“话题方向”，这会是一个很好的抢占先机的方法。

说完了横向，再来看看纵向。不论如何设置议题，都是为了让面试官更好地了解自己的职业价值，也就是说，候选人还需要思考如何在纵向上展现议题价值。

因为职场人最重要的价值是解决问题的能力，好简历就自然要体现出这一重要价值——如何解决复杂的问题，这也是支撑职业发展主线最重要的逻辑框架。

在我的设计中，我把这个逻辑框架分成了三部分：面对什么问题（背景），采取什么策略和方法（能力），解决得怎么样（效果）。最后再总结经验和教训，就完美了。

比如，现有的产品体系跟不上业务的需要，通过搭建体系、升级配套、服务产品化解决了这个问题，帮助提升了10%的业绩，团队人效也获得30%的增长。

其实，简历的呈现逻辑和面试的阐述逻辑都是在不断地重复这个逻辑框架。

小结一下：好简历会预埋和设置若干个问题，这些问题可以促使面试官跟候选人细聊，而一旦开聊，候选人就可以按照一定的逻辑框架进行故事演绎，让故事更加丰满。

第三，你是什么样的职场人，这是故事主题。

打开好的简历，我们可以清晰看到候选人的职业发展主线，还能发现合理设置的横向议题和纵向逻辑，关闭这样的简历之后，我们还能想到一些关键词来描述它。

比如，有些候选人的简历给我的印象是干练、专业、有逻辑，那么在后续面试中，我一定会优先去验证这种印象，因为人都相信自己所发现的东西。

在实际的简历策划中，有些人甚至会“贴心”地准备好这些关键词，并演绎成个人品牌标签，或者技能标签，比如“××行业Top5营销人才”“过亿用户操盘手”等。

这就给我们一个特别大的启示——好的简历是好故事定向传播和沟通的载体。那么，在故事讲述完毕之后，候选人希望给面试官们留下怎样的印象？或者，换句话说，候选人希望自己是什么样的职场人？这才是故事的主题。

什么？故事的主题不应该是升职、加薪、走上又一个巅峰吗？那才励志。很抱歉，在我的理解中，那些真不是故事的主题，那些是高薪人才工作的自然结果，一些奖励而已。

恰恰相反，在实际的招聘中，能把“自己是什么样的职场人”想清楚、说清楚，并用实际的职场经历和故事来佐证它们的职场人，赢面是大于只追求升职和加薪的职场人的。

比如，阿里巴巴希望自己的职场小伙伴是“聪明、自省、皮实、乐观”的人，因为优秀的阿里人往往就是凭借这些特质才挺过一个又一个困难，赢得胜利的。

如果你认为自己也是这样的人，也被识别出来拥有这些特质和风格，那么，在职业发展主线和解决问题能力都一样的情况下，你的最终胜出率是最高的。

表面原因是“你是什么样的职场人”这个问题的答案越清晰，你的思考越成熟，你能够给面试官留下的印象就越深刻、越独一无二，你的竞争优势也就越明显。

深层原因是高薪人才和优秀公司都更在意价值观和文化层面的契合，因为人以群分。同时，纵观整个职场和人生，你是什么样的人几乎决定了你的职业可能性。

在我实际的找人经验和咨询辅导中，职业发展主线意味着过去，解决问题能力代表现在，而只有当我明白对方是一个什么样的人时，我才知道双方合作的未来。这个思路，在投资人的眼中有一个更直接的验证，投资不光是投资项目，更重要的是投资某个人，因为只有这个人是靠谱的，TA做事情成功的概率才会很大。

那么你是什么样的职场人呢？至少要清楚自己的职业价值观、欣赏的职业文化、别人眼中的自己等。当然，最好的还是形成自己的职场个人品牌（详见下一节）。

最后，在更大的意义上，职业不仅是职业，更是职场人的生活方式，是职场人“借事修人”的一种修行。请从简历开始，认真思考你是什么样的职场人。

5.2 管理印象：形成鲜明的个人品牌印象

不论承认与否，候选人在面试之后一定会给面试官留下这样那样、或深或浅的印象。好的印象往往会带来好的结果，而不好的印象往往会导致不好的结果。

但是，一个候选人给面试官留下的面试印象，并不是在面试之后才形成的，而是在面试前、面试中逐渐形成的。比如，面试官在面试前就会对候选人有一些面试的预期，如果预期在面试中达到了，面试官对候选人相应的面试印象就会加深很多；而在面试中，通过与候选人的深入交流和互动，面试官已经逐渐对候选人产生了一些印象，并且这些印象基本不可能改变。

当然也会有人没有给面试官留下任何清晰的印象，从面试的目的和技术来看，这种候选人的面试一定是失败的，也注定了不会有好结果。

由此，我们在面试中要特别留心一点：如何管理面试官对我们的面试印象。

5.2.1 面试官更相信自己的判断

朋友圈和网上经常有这样一组对比图：你眼中的自己VS朋友眼中的你。比如，你眼中的自己——青春、靓丽、活泼、可爱，而朋友眼中的你——二愣、犯傻、智障、一些行为令人迷惑，这样的反差梗、反差照往往会逗得朋友们开心大笑。但是，我们丝毫不会担心和朋友们的关系会破裂，关系反而只会越来越紧密，是不是？

候选人在面试中如果出现这样的巨大反差，又会怎么样呢？我们来想象一下，比如你眼中的自己——专业能力强、职业经历丰富、岗位匹配度超高、薪资待遇应该拿顶格，而面试官眼中的你——专业能力一般、职业经历不够丰富、岗位匹配度还欠缺，最重要的是，压根儿就没想继续跟你谈薪资待遇，因为没想给你发Offer。

如果真的在面试中出现了这种巨大的反差，我相信你一定不会觉得有“反差萌”，反而只想赶紧结束面试，或者找一个地缝钻进去，再也不想出来了。

为什么不好玩呢？因为你发现在面试中呈现的“自我认知”“自我评价”和面试官对你的“他人认知”“他人评价”是不统一的、不相关的，甚至是矛盾的。

而这个时候，你也许想解释说明，甚至还想纠正调整，不好意思，已经晚了，面试官会更愿意相信TA所感受到和理解到的“你是什么样”，而不是你说的“你是什么样”。

我得承认，面试官选择相信的“你是什么样”可能和真实的“你是什么样”存在不一致的地方，也可能会因此而“错杀”一些候选人，但这并不重要，因为你已经被“错杀”了，而“死人”是没有机会“开口说话”的，只能另外寻找其他的面试机会。

你当然可以怨天尤人、抱怨不公，但是于事无补，而且不能保证你在其他面试中不会被继续“错杀”。只有静一静、认真思考，你才能逐渐意识到自己在管理面试官对自己的印象上出了问题，并产生了自己眼中的自己和面试官眼中的自己不一致的结果。

这种心理上的“认知不一致”，在面试中经常出现，我称之为面试印象管理失效。导致失效的原因，当然有面试官的认知问题、能力问题、偏见问题等，但是要想改变这种不利的局面，只能从自己的印象管理能力下手，别无他法。

所以，请先记住一句话，面试官更愿意相信TA所理解和认识的你，TA眼中的你并不见得完全符合你，更不见得是你所说的你。虽然你可能会认为它们三者是一致的。

5.2.2 潜移默化影响面试官

面试官更愿意相信TA自己所理解和认识的候选人，是不是意味着候选人就无能为力了呢？或者说，候选人只能像“皇帝的新衣”一样唯命是从呢？显然不是，承认这一点只是为了在面试中更好地利用这一点，换句话说，熟悉了这个面试规则后，候选人就可以更好地利用这个规则。

先举一个候选人的例子。我当时在某互联网大厂工作，有一个岗位需要招聘有很强开拓能力和创新能力的人，通俗点说就是能快速适应新的环境，拿到关键的目标与关键成果法（OKR）结果的人，我在和公司HR、猎头沟通好这个岗位的软硬件要求后，就坐等人选了。

随后几天，我每天都会花半小时的时间集中查看邮箱中的应聘简历，结果一连看了将近1周，直到周五下班前都还没有看到合适的、满意的面试人选。这时候，公司的HR已经开始暗示我，是不是要稍微降低点心理预期和要求，先让一些候选人进到面试环节，面起来说不定有更多新发现呢。

我想了一下，决定先不降低要求，再看1周，心里也在安慰自己“好饭不怕晚，良缘不怕迟”，为了合适的、满意的人选，可以再等等，“让子弹飞一会儿”。

果不其然，周日晚上我收到了一封投递的简历，简单看了一下，感觉这个人挺靠谱，可以重点期待一下——补充个知识点，有些公司的简历投递系统是简历先发给HR，再发给业务负责人；有些公司的简历投递系统是HR和业务负责人可以同时收到。当时的这家公司就是设置为可以同时收到，HR和业务负责人都可以先行处理。

为什么说这个候选人的简历给我留下了很深刻的印象呢？先来看看TA投递简历的时间，TA选择的投递时间是周日晚上——当然也可能是无意之举。但是在后来面试的时候，我跟TA证实过，TA很早就看到了招聘信息，一直等到周日晚上才投递。

那么，周日晚上投递简历有什么好处呢？第一，简历被打开的概率最大。工作日往来邮件特别多，投递的简历很容易淹没在海量的工作邮件中，而周日晚上没有那么多工作邮件，简历被打开的概率往往是最大的，即便有些人周末不打开邮箱，那么在周一打开邮箱的时候，周日晚上的简历也会出现在最上面的位置。

第二，简历可以被HR以更多的时间和更放松的心态来对待。一般来说，周末都是职场人休养生息的时间，经过两天的调整和休息，职场人在周日晚上往往会更放松、更有闲暇时间。HR如果在这个时候看简历，也就意味着会比平时在紧张和忙碌的状态下看简历花更多时间。花几分钟甚至十几分钟来看一份简历，肯定比花费草草1分钟快速阅读一份简历效果要好得多。

按照我在上一节所说的，简历的最大作用是引领注意力，那么上面的这两点好处就可以概括为：简历获得了更大的打开率，以及更长时间的留存和曝光。单看这两个好处，你的简历已经获得了比其他竞争候选人大很多的胜出概率。

这个案例还没说完，但是说到这里，TA其实已经给我留下了比较好的印象，让我对TA后面的业务积累和专业技能面试产生了更多期待，其实这样就已经很好了。当然，如果没有后面在业务积累和专业技能上的优秀表现，只是到这里，那也只能说明TA是一个“会用心思”的候选人，还不能完全胜任这个岗位。

然而，TA的这种“会用心思”也用在了业务积累和专业技能上。在随后的几轮面试中，TA不但可以非常专业和老练地分享自己的职业成绩、项目经验和业务思考，还能够提炼出一些实战的方法论，并将其代入目标岗位需要解决的问题中，尤其难得的是，我比较看中的开拓性和创新性，TA也准备得十分充分。

从内心里，我这个比较严苛的面试官已经非常认可TA了。实际上，TA从一开始到结束，都在潜移默化地影响着我，让我不断得出并强化这样的结论：这是一位有想法、有思考、有行动、有结果的优秀候选人——这其实也是TA在面试这样一种目的性很强的沟通中想不断传递给我的核心信息。

TA的这个核心信息很清晰，我接收起来也很明确，所以整个面试沟通很到位、很高效，堪称一次特别成功的面试。不过可惜的是，TA在谈薪环节缺少策略和方法，跟HR没有谈拢，直接导致TA错过了这个机会，这在本章第4节“争取高薪：一定管用的‘同心圆’谈薪法”中会说。

但是，这个结果上的遗憾并不影响TA在整个面试前半段的优秀表现。实际上，我曾多次在不同场合分享过这个真实的面试成功案例，也帮助和启发了很多我辅导过的职业咨询学员。

用一句话总结，就是既然面试官更相信自己的判断，那么候选人就可以通过很多方式去潜移默化地影响面试官，从而让面试官自己得出有利于候选人的判断和接收候选人想传递的信息。

那么，有哪些具体的方法可以让候选人潜移默化地影响面试官的判断呢？

5.2.3　高手：鲜明的个人品牌

常用的方法还是挺多的。比如，简单点的，候选人可以在简历中直接写上“5年工作经验”“资深××专家”；再比如，隐晦点的，候选人可以在面试中高频重复在某个领域取得的专业成就，借此加深印象；甚至，还有一些候选人会在着装上特别考究。这些做法真的不错，都是可以潜移默化影响面试官判断的有效方法。

说到这里，就不得不说我在市场营销专业领域的一个动作和技能——建立个人品牌。在我过去10年的互联网大厂工作生涯中，不论是在阿里巴巴、美团，还是在我担任营销顾问的创业型公司，帮助CEO、CMO、CTO等高管建立个人品牌是我一项非常重要的工作。在我逐渐对这份工作驾轻就熟后，我开始把这种专业技术应用到更多职场人身上，辅导了很多来咨询的职场人。我发现个人品牌为他们的职业生涯和职业声誉带来了三个特别明显的商业价值：

第一，给别人的感受很好。

我们可以随便抬头看一眼周围，比如我看到，我写作用的电脑是苹果的，电脑前放着华为的手机、科大讯飞的录音笔、双立人的茶水杯和回形眼镜（一个我很喜欢的眼镜品牌），以及我最近常看的几本书，它们都是中信出版社出版的……

我和这些品牌没有任何商业上的合作，所以并不是打广告，但是我和很多忠实用户一样很喜欢它们，为什么喜欢呢？是因为它们本身有名吗？对某些用户来说是，对我来说不是。归根结底是因为使用它们可以给我带来很多良好的感受，比如舒适、专业、体贴、高效、愉悦、满足等，总之就是感受很好。

商业领域的品牌可以给人带来很多美好的感受，同样的，这种美好的感受也适用于个人，甚至可以说是更适合于个人。比如有些职场人给人的感受是专业而高效的，而有些职场人给人的感受是温柔而有魅力的，还有一些职场人给人的感受是有很强领导力的，等等。这些感受本身并不矛盾，只是各有取舍。

当已经跟我学会建立个人品牌方法的职场人进行面试的时候，他们显然会给面试官很好的感受。实际上，面试只是他们的个人品牌产生良好感受的一个典型场景，在工作中的会谈、商业谈判、私下交流等场景中，他们的个人品牌一样会给对方很好的感受。

第二，辨识度很高，降低认知难度。

我们可以做一个小练习，回忆下自己周边的朋友、职场人，提到某个人，你可以立刻想到TA的某种特质或者关键词，但是还有一些人，你很难想到用什么词来描述他们比较好，是不是这样？那么前一类人辨识度很高，后一类人辨识度则很低。

在职场中，对我们已经熟悉的同事，尚且存在这种辨识度很低的情况，那么在面试中，这种辨识度很低的情况更容易发生。而那些拥有个人品牌特点的候选人就占了先机，可以轻易获得很高的辨识度，这种高辨识度可以是外在的服装、长相、妆容，也可以是内在的性格、特质、技能等，当然最好是统一的整体。

第三，容易建立信任感，增加溢价空间。

在面试中，建立信任感很重要，特别是面试官对候选人的信任感。实际上，通过各种方法潜移默化地影响面试官，最终的目的就是建立面试官对候选人的信任感。这个时候，鲜明的个人品牌就可以帮助实现这一目的，从而为候选人带来溢价空间。

举个例子，我曾经辅导过一位咨询者，TA平时的穿衣风格比较柔软、舒适，TA本人的性格也是这样。如果TA的职业方向是需要很多合作、配合和协调的岗位，TA这种鲜明的风格就很受欢迎。不巧的是，TA的工作特点并不是这样，所以TA在面试中经常会被面试官质疑：如果碰到特别难搞定的人和项目，你怎么办？

这个问题表面上看有点像“压力面试”，实际上是面试官对TA的性格有保留意见，不确定TA是否能胜任节奏快、压力大、关系复杂的面试岗位。所以，在接下来的咨询中，我们先一起找到了TA的个人品牌的内核和价值——既不是一味的柔软、舒适，更不是完全相反的强势、坚硬，而是“柔软且坚定、长期而耐心”。

在这种个人品牌的内核和价值的指引下，TA逐渐延展出TA的职场风格、性格优势、人格魅力和穿衣特点等。最后，TA不仅获得了特别心动的Offer，还在薪资谈判中争取到了十分满意的薪资。需要多说一句，个人品牌应该是统一的，而不是分裂的，比如在工作中是这样，而在生活中、亲密关系中却是那样的，那就太分裂了。

我们来试想一下，在面试前，候选人已经对自己的个人品牌有了系统化的梳理和认知。在面试过程中，候选人可以基于自己的个人品牌，通过各种具体的方法去潜移默化地影响面试官的判断和决策，最终面试官也感受到、识别出候选人的个人品牌在职场上、目标岗位上、专业技能上的优势和竞争力，信任感就此建立了。

信任感都已经建立了，候选人还担心心动的Offer不是自己的吗？大概率不用担心了，只需要好好想想如何在下一步的薪酬谈判中争取到高薪。实际上，从有效竞争和薪资博弈的角度看，只要面试官对候选人建立了这种信任感，候选人就不会处于被动地位，基本都有很强的主动权，这两点本章下面两节会详细说。

用建立个人品牌这种专业技术去管理面试印象的高效方法，目前还没有在中国职场广泛普及，不过其已在竞争激烈的互联网行业和国外职场中备受追捧。

5.3　有效竞争：不用跑过熊，跑过对手就行

我在很小的时候读过一个西方著名的故事，估计有些职场人也读过——在森林中，有两个人迷路了，正当他们二人苦苦找寻出路的时候，碰到了一头吃人的熊。其中一个人看到熊，立刻瑟瑟发抖，呆若木鸡；而另一个人看到熊，立刻整理行囊准备跑。

呆若木鸡的人看到准备跑的人说："你干吗？准备跑吗？你跑不过熊的，没用。"准备跑的人回应说："我不用跑得过熊，我只需要跑得过你就可以了。"

这个故事让我很早地意识到有效竞争的价值，并在日后的求学和职业道路上给予我源源不断的启示。其实，优秀职场人和高薪职场人的竞争也是一样，学会有效竞争，便要知道在什么情况下需要跑赢对手、在什么情况下需要跑赢熊。

5.3.1　职场竞争从面试开始

我相信对于职场人来说，职场竞争的各种案例每个人都能说出很多，因为它就在身边，每天都在发生，有些人甚至每天都在参与。细数一下职场竞争主要有两类：一类是业务竞争，比如很多互联网大厂推崇

的“内部赛马机制”，目的在于争夺更多的资源；另一类是人事竞争，比如每年年底的升职加薪机会，为了获得更好的职业回报。

但实际上，可能很多人没有留意到，相比于这些入职以后的职场竞争，围绕面试的候选人竞争往往更加激烈，职场竞争是从面试开始的。我们不用看每年有几百万应届大学毕业生进入人才市场参加各种面试，也不用看各种互联网大厂的应届生招聘淘汰率有多高，单看互联网人的工作年限和平均月薪的关系，就能感受一二。

我找到了一份互联网人的薪资报告（表5-1）。可以看出从业1～3年的互联网人和从业1月以上1年以下的新人相比，薪资增长比例为45%；而从业4～5年的互联网人的薪资又比从业1～3年的互联网人的薪资高67%；从业6～10年的互联网人，平均月薪高达28500元；从业10年以上的互联网人的平均月薪已突破40000元大关。

表5-1　各工作年限互联网人的薪资

工作年限	2021年平均月薪/千元	较上一工作年限增幅/%
无（应届毕业生）	7.3	—
1月以上1年以下	8.3	14
1～3年	12.0	45
4～5年	20.0	67
6～10年	28.5	43
10年以上	43.1	51

我们都知道，互联网行业是受优秀职场人和高薪职场人欢迎的行业之一，其中最重要的一个原因就是薪水起点高、增幅空间大，从上面这张表中也能看出。那么当很多优秀职场人和高薪职场人都想进到这个黄

金赛道时，竞争就不可避免了。

第一种面试竞争是各个工作年限范围内的竞争，比如应届生竞争应聘需要应届生的岗位，工作4～5年的职场人竞争应聘需要有4～5年工作经验的岗位。也就是说，这种面试竞争是横向的竞争，大致都是同龄人在竞争。

以我过去在互联网大厂工作10年和现在做职业咨询辅导好几年的这两个角度看，在所有关于工作年限的竞争中，有4～5年工作经验的职场人的竞争是最激烈的。因为一方面职场人发展到这个阶段，已经自然淘汰了一批，剩下来的都是“有几把刷子的”，另一方面剩下来的这些人也到了要在职业道路上再往上走一走、跳一跳的阶段，竞争力越来越强。

第二种面试竞争是各个工作年限段之间的竞争，比如有些特别优秀的职场人可以竞争下一个工作年限段的岗位，当然也有一些岗位会有工作年限更长的人加入竞争。这两种情况都会让原本横向的竞争，增加很多纵向的竞争因素，也就是不同年龄的人在竞争。

光看薪资这一项，以上这两种面试竞争都会产生一种不便明说的“潜规则”，那就是——最好在相应的工作年限段（工作年龄）拿到相应的平均薪酬（至少是平均），否则就会一步落后、步步落后，影响下一个工作年限段的薪资。

而所有这一切，都是从好好把握面试机会开始的。我知道，虽然也有一些“弯道超车”的案例，比如某次跳槽很成功、创业成功了、赶上了某个行业的大爆发等，但是，如果不考虑这种小概率事件和不可控因素，绝大多数行业都有这种面试的“蝴蝶效应”——好的面试带来好的工作，好的工作带来好的阶段性发展，好的阶段性发展带来好的职业成长和回报。至于什么是好的，个体定义不同。

5.3.2 对称竞争中，跑赢对手

按照我对有效竞争的定义，找准竞争对手和竞争目标是特别重要的两个要素。还是以开头说到的“跑赢熊”的故事为例——呆若木鸡的人看到准备跑的人说：“你干吗？准备跑吗？你跑不过熊的，没用。”准备跑的人回应说：“我不用跑得过熊，我只需要跑过你就可以了。”

呆若木鸡的人认为：准备跑的人的竞争对手是“熊”，竞争目标是“跑赢熊，获得生存机会”。而实际上，准备跑的人认为自己的竞争对手是“呆若木鸡的人”，并非“熊”，竞争目标是“跑赢呆若木鸡的人，赢得生存机会”。

如果准备跑的人把竞争对手设定为“熊”，那他不但跑不过熊，还完不成自己的竞争目标。即使侥幸跑过了熊，他也要比跑过“呆若木鸡的人”多投入体力、精力，那也不是真正的有效竞争。

那么，在什么情况下我们要把竞争对手设定为“呆若木鸡的人”呢？我举两个面试例子。

在一对一面试中，有时候面试官会问候选人，除了本公司的面试外，还在面试哪些公司，或者已经拿到了哪些公司的Offer。面试官为什么会问这个问题呢？因为面试官需要判断自己所在的公司在争取这个候选人的时候，还有哪些竞争对手公司，面试官需要获取对称信息，形成对称竞争。在面试官知道了候选人的可选公司以及对应的薪资待遇后，面试官往往只需要比其他公司多增加一点筹码（如薪水、福利等）就可

以搞定看中的候选人，跑赢对手公司。

还有一种比较常见的面试形式叫集体面试，或者说叫群面。在这种面试中，面试官负责发布任务、提供支持，然后观察所有候选人的行为和方法。对于参与其中的候选人来说，能够看到其他竞争候选人的言行，以及分析出自己和其他候选人竞争的优劣势，这时候，只要采取有效的竞争方法，就可以很容易地跑赢对手。

由此可见，在掌握竞争对手信息、条件等基本情况的前提下，也就是可以进行对等竞争的时候，跑赢对手就可以赢得胜利。很多体育比赛的竞争就是这样，比如举重比赛、跳水比赛。每经过一轮比赛，参赛选手的得分和排名都很清楚，想要拿到好的名次，超过相应的分数即可。

但是，也有很多体育比赛的竞争不是这样，比如篮球世界杯、足球世界杯等。有时候跑赢了对手，小组也可能无法出线，只能铩羽而归；有时候即使输了一两场比赛也可以成功晋级，进入下一轮的竞争。为什么会这样呢？因为，在这种情况下，竞争对手的信息、条件等基本情况无法掌握，这是一种非对称的竞争，充满变数。

绝大多数的面试对于候选人来说都是一种非对称的竞争，也就是说，每一个候选人其实都不太了解与自己有竞争关系的其他候选人的面试情况到底怎么样。除非候选人可以站在职场综艺节目中导师的视角，横向观察、仔细对比每一个候选人的面试情况，显然，这种假设是不可能成立的。

那么，在非对称竞争中，候选人该怎么办呢？或者说，当我们作为候选人无法了解其他候选人的面试情况，不能根据对方的表现来及时、灵活地调整自己的面试状态时，我们该怎么办？

5.3.3 非对称竞争中，看匹配度

先分享一个面试中典型的非对称竞争的场景。我的前公司美团，2021年在花大力气做医药、医美相关的业务。按照我对这类业务的理解，它属于大健康赛道，本来就是新生代消费人群的刚需，再加上2020年新冠肺炎疫情的正向刺激，这个赛道正好处于快速发展的起步阶段。以我个人对美团所有业务的了解，还是很看好的。

正好最近有一位咨询者，找到我咨询如何加入美团的这个黄金赛道。经过初步咨询，我了解到TA的职业背景是这样的：在大健康领域垂直平台工作了五六年时间，从一线销售业务和销售管理做起，逐渐成长为公司中非常重要的中高级管理者，年薪接近百万。如果单单看这个职业背景，TA是比较成功的优秀职场人。

但是，这位咨询者其实也清楚，想跳槽到美团，让自己的职业发展上一层台阶，光凭这些还不够，所以TA才会找我做专业的职业咨询。那么我们就不妨从有效竞争的角度，先来看看TA所面临的候选人竞争，再分析如何让TA更有竞争力。

TA会面临什么样的候选人竞争呢？显然TA是不知道的，所以对TA来说，这种情况下进行的面试只能是非对称竞争。也就是说，TA并不能像在对称竞争中那样对其他候选人了如指掌。

但是，我知道——并不是我能掐会算，只不过是我更了解业务需要和业务人才的需要（这一点，我曾在第3章“面试准备篇：信息情报，多快好省”中详细阐述过，可以回顾一下）。站在业务需要和业务人才的需要的角度看，TA会面临三类候选人的竞争：第一类是传统大健康行业

的平台型公司的职场人，比如我每年做体检的公司的职场人；第二类是互联网垂直医美行业的职场人，比如“90后”女生常去的整形美容公司的职场人；第三类是互联网在线医药及在线问诊行业的职场人，比如很多宝妈、宝爸经常咨询的互联网在线医疗咨询平台的职场人。

因为这类新业务的特殊性，潜在竞争对手中比较有竞争力的候选人基本都有以上这些相关行业的经验，那些完全没有大健康领域工作经验的候选人，不是首要的竞争对手，可以暂时排除。我们把竞争对手主要锁定为有相关职业背景的三类职场人后，就可以来看看各个职业背景候选人的“优缺点”了（表5-2）。注意，本来是没有优缺点之分的，只是因为大家有了相同的竞争目标，才有了相互比较的优缺点之分。

表5-2　各个职业背景候选人的“优缺点”

比较项	传统大健康行业候选人	互联网垂直医美行业候选人	互联网在线医药及在线问诊行业候选人
优点	行业资源积累多，专业背景足够强	垂直领域很厉害，对垂直专业很熟悉	对单一业务场景和抓用户痛点很在行
缺点	缺少互联网经验及互联网文化适应力	过于聚焦垂直领域	业务场景相对单一，缺少全局视野

对于这位咨询者来说，虽然TA面临的大厂面试是非对称竞争，但是在进行过可能的候选人背景分析后，我们还是可以做出一个模糊决策（在对称竞争中，因为候选人的面试表现和面试状态都是相对公开和透明的，就不是模糊决策）。比较适合TA的模糊决策就是充分发挥和展示自身在行业资源和专业积累上的优势，最好能形成特别明确的个人品牌。同时，注意传递自身在互联网业务方向上的种种尝试、探索、积

累，归根结底，就是传递自己在互联网业务方向上的可塑性和延展性。

这样就可以形成特别有利于自己的有效竞争，一方面可以和其他三类面试候选人拉开竞争优势差距（并没有说其他候选人的缺点，只是在突出和强调自己的优点），并不断提醒自己在职业短板上有很大的成长空间；另一方面，或者说，更重要的是，始终围绕核心业务对人才的需要和理解来放大自身的优势。

事实上，在面试中广泛存在的非对称竞争中，优秀候选人和高薪候选人首选的参考性标杆就是业务对人才的需要，也就是通常所说的“岗位匹配度”，或者“人才画像”。一个面试候选人的岗位匹配度越高，与人才画像越相符，这个候选人距离Offer的距离就越近，相应的，和其他候选人拉开的竞争差距就越明显。

从某种程度上来说，这种有效竞争是“运动员”和“裁判员”复合身份的胜利。我们都知道，通常来说，在体育运动比赛或者公平竞争中，运动员和裁判员不能是同一个人，因为那样只会让裁判的结果偏向于运动员中的某一方，造成不公平的结果。

但是，在我关于有效竞争的表述中，你会发现，不论是对称竞争还是非对称竞争，竞争中的候选人首先是“运动员”，要上场比赛。而如果这些“运动员”很熟悉比赛规则、裁判依据，并善于分析和利用规则和依据，就可以给竞争加上“裁判员”的视角，让竞争的天平最终倾向有利于自己的一方，这是对竞争对手的降维打击。

尽管如此，我还是要提醒一句，面试竞争很残酷，不积极参与，竞争会更残酷。

5.4　争取高薪：一定管用的“同心圆”谈薪法

在本章第2节，我分享了我曾经面试一位候选人的经历，当时我在某大厂负责市场和公关业务，面试后对这位候选人印象很好，本以为TA可以顺利入职，加入团队一起战斗，没想到TA最终卡在了谈薪环节，跟Offer错过。

其实这种情况在优秀职场人和高薪职场人中经常发生，很多候选人不是因为能力、性格、技能等软硬件上的因素错过了更好的职场机会，而是因为不会谈薪。如果你像我一样，跟成百上千位候选人谈过薪酬，就会发现其中的原因：往大了说，是对金钱和财富缺少合适的理解；往小了说，是对自己的商业价值缺乏变现实践。

5.4.1　谈薪中常见的问题

我相信，读到这里的职场人应该都看过很多谈薪的方法，或者买过很多关于谈薪的课程，这些东西是否有作用，我不知道，也不去评价。但是，我想说，请先忘掉那些具体的技巧，跟着我一起来看看真实面试中候选人常见的谈薪问题。

按照谈薪问题发生的深层次原因，我把它们分为三类：认知类、信息类、方法类。

第一，认知类。就是对谈薪本身存在错误认知。我可以从辅导过的真实咨询案例中找出很多实例。比如，有些想进互联网大厂的咨询者认为，大厂的薪酬体系是固定的，而且负责谈薪酬的HR往往都比较强势，好像自己不应该谈，谈了也没用。

再比如，很多职场人“不好意思谈钱”，这里又有两种常见的情况，一种是主观的，从来没主动想过在面试中谈钱，或者在谈钱上掌握主动权；还有一种是客观的，公司在面试中说给多少就给多少，候选人往往只会被动接受。这些都是职场人争取高薪的认知类障碍。

那么，对于争取高薪应该建立哪种正确的认知呢？还是回到我在本书第1章“面试心态篇：新型面试关系”中说到的，现在的职场人，特别是优秀职场人和高薪职场人，跟公司是投资关系、博弈关系、互利合作关系。既然这样，候选人总要在合作中争取更好的投资回报、博弈优势。

这里还有一个文化上的障碍需要破除，即很多职场人“不好意思谈钱”。不光是在职场中，在生活中、亲密关系中一样不敢“大胆谈钱”，好像谈钱是一件很羞耻的事情。对于这种文化上的障碍，我建议还是更新一下自己的金钱观和财富观为好。

第二，信息类。就是知道该谈，但是存在信息差。比如找我咨询的很多职场人想把握某个职场机会，却只知道目标岗位的薪资数额是多少。当我问到这个岗位薪资的带宽是多少、处于行业内什么水平、在公司内又处于什么水平时，他们往往回答不上来。那么请问，这个薪资数额到底是高还是低呢？没有任何可参照的范围。

我们想一下，面试官在面试候选人的时候，HR至少会详细地询问候选人过往的薪资结构、薪资待遇，甚至还会通过职业背景调查去进一步核实，目的就是为了了解清楚，减少信息差，掌握谈薪的主动权。而处于投资关系、博弈关系、互利合作关系中的另一方，也就是候选人自己，却不积极主动了解公司一方，这怎么玩？可不就会造成“人为刀俎，我为鱼肉”的结果嘛。

这里我并不是要故意放大劳资矛盾，只是想用这种形象的说法表达信息差对谈薪结果影响巨大。怎么缩小信息差，或者对齐信息呢？其实就是上面说的，不光要知道薪资待遇本身，更要知道这个薪资待遇是怎么来的、怎么设计的，以及最重要的参考系是什么。

第三，方法类。如果没有认知类障碍，也没有信息类障碍，那么争取高薪只剩下方法论了，就是怎么才能从面试官那里争取到更有利于自己的薪资待遇。比如，很多职场人都听说过这样一种说法——在面试中，面试官问你的薪酬期望值时，不要轻易透露自己的底牌，谁先打出底牌谁先输。可问题是，该怎么出牌呢？如果不知道该怎么出牌，这句话就是一句正确的废话，不能指导你获得结果。

事实上，候选人在争取高薪的环节使用有效的方法确实可以让自己获得明显有利的薪资待遇。以我在互联网大厂的实际工作经验和辅导很多咨询者的实战经验来看，越是优秀的职场人和高薪的职场人，越会掌握更多的谈薪武器；相反，如果没有有用、有效的方法，或者方法不得当，谈薪酬待遇时就很容易“谈崩”。

总之，对于谈薪这件事，职场人在认知、信息和方法上都要做出不断的调整和努力，最终才可能拿到心仪的薪资。在认知上，没有错误或者不当的认知，把谈薪当成一种正常的职场人行为；在信息上，没有严重的信息不对等，或者没有失去公平的信息不透明，尽量做到知己知彼；在方法上，不会总是被动地被“牵着鼻子走”，可以做到有理有据、有策略、有博弈。这样一来，谈薪这事，几乎可以办得妥妥帖帖。

5.4.2 谈薪要“心中有大图”

在前面讲到的三类谈薪障碍中，认知类和方法类的障碍是更多依赖面试候选人自身去克服的，比如通过学习、模拟和实战咨询等形式；而信息不对等的问题更多不是依赖面试候选人自己，而是需要借助公司HR、行业专业人士、职业咨询机构等去解决，这也意味着，信息不对等的问题解决起来更有挑战性，一旦被解决，收获将更大。

所有我辅导过的职业咨询者，只要涉及谈薪这个环节，我一定反复提醒他们的就是做到“心中有大图”——这个词来自我的前公司阿里巴巴，原意是说要熟悉业务大图。但是，在我的职业咨询辅导中，我把它延展为争取高薪的三张重要大图，分别是公司薪酬待遇体系大图、公司业务说明大图、公司组织架构大图。

我先用一个真实的咨询案例说明公司薪酬待遇体系大图是如何发挥作用的。按照面试的正常流程，候选人经过3～5轮面试后就会进入具体的谈薪环节。在这个环节之前，公司的HR已经通过简历、前期面试等相对了解了候选人的薪资待遇水平和薪资期望值等重要信息，然后据此会形成一份初步的候选人薪资待遇方案。

比如，某咨询人，在传统行业已经工作了5年左右，月薪2万元，福利若干，年终奖为1～3个月的工资，全年年薪打包算30万元，希望跳槽到某大厂，年薪涨幅为20%。该公司HR最终给TA的薪资待遇方案：月薪

1.8万元，福利若干，多了补充公积金，年终奖为1～2个月的工资，外加股票期权授予，年底会有10%的工资普调。

如果候选人不了解该公司的薪酬待遇体系，就会纳闷——我原来月薪2万元，跳槽了以后月薪不但没有增加，反而减少了，伤害性不大，但侮辱性极强啊。实际上，按照该公司的薪酬体系设计，TA这个级别的工资带宽是1.8万～2.3万元，上下浮动5000元，1.8万元正好是这个级别的入门水平，到了这个级别就会有股票期权。

而从全年薪资待遇来看，原来全年薪资打包30万元，而跳槽之后，光现金部分就接近30万元了，股票期权部分按照当时的市场股价也有十几万元，加在一起有40万元左右，另外还有工资普调和补充公积金，这个薪资方案远超预期的20%的涨幅。

由此看来，在谈薪的时候，不了解公司的薪酬待遇体系是什么样的，光看单一数字的增长或下降，不仅没有意义，还会造成：一是不了解自己处于公司薪资待遇体系的什么位置，二是不知道自己在公司的向上的发展空间有多大。

这种“只看树木，不见森林”的短视行为，在谈薪的时候极其普遍。要避免这种行为，最好的方法就是当HR给出一套薪酬方案时，不仅要听方案的内容是什么，更要去问，为什么是这样一套方案，这套方案的逻辑和依据是什么。在这个时候，HR一定会给你介绍公司的薪酬待遇体系大图，只要逻辑合理、依据充分，就可信。

除了公司薪酬待遇体系大图外，还有两张大图对谈薪帮助甚大，一张是公司业务说明大图，一张是公司组织架构大图。实际上，这两张图是公司设计薪酬待遇体系的重要依据——设计薪酬待遇体系要考虑行业水平、岗位水平、地区经济等多种因素，它们对候选人理解薪酬方案和了解自己在公司的发展非常有帮助，这也是为什么我在本书第3章“面试准备篇：信息情报，多快好省”中说要提前了解公司的大图。

总结一下，谈薪的时候要做到“心中有大图”，就是为了避免出现眼睛只盯着绝对数字、只看自己岗位和自己业务的狭隘情况。因为没有一个职场人不是存在于某个体系中的，职场人想要争取高薪就必须充分了解和熟悉整个体系，就像机器上的螺丝钉一样，它只有在合适的机器上才能发挥出自身最大的价值。

5.4.3 原创的“同心圆”谈薪法

在很多涉及商业谈判的工作中，比如市场、销售、商务等工作中，双方都会围绕价格、服务、质量和标准等核心的商业问题进行谈判，在这个过程中，“谈钱”就不可避免了。经常是这样，一方提供几次报价后，另一方还是用尽办法继续压价，反复好几次。总之就是，关于合作的内容，买方想压低价格，卖方想提高价格。

其实，这种买卖双方的价格谈判或者价格博弈，一样适用于候选人的面试谈薪。虽然我曾在本书的第1章“面试心态篇：新型面试关系”中说到，候选人和公司的关系是投资关系、博弈关系和互利合作关系，但是这并不影响在实际的招聘中，候选人是被雇佣方，公司是雇佣方，这是从法律和商业层面确定的关系，所以肯定要好好谈钱。

那么怎么争取更有利于自己的薪酬待遇呢？从可实现的时间长短来看，薪酬待遇可以分为长期维度的、中期维度的和短期维度的。从长期维度看，让自己的商业价值始终保持高速增长就可以不断争取到高薪；

从中期维度看，让自己的专业技能不断丰富和提升，可以解决更多问题，就可以不断争取到高薪。但是，从按照紧急性和重要性两个标准划分的四个象限（紧急且重要象限、紧急且非重要象限、非紧急且重要象限、非紧急且非重要象限）来看，一个职场人在长期维度和中期维度的种种努力，都属于非紧急且重要象限的。所以，我这里还要重点说说属于紧急且重要象限的，也就是在短期维度上，如何让自己争取到有利的薪酬待遇。

或者我们可以这么理解，对于一个候选人来说，一时半会儿不可能让自己的商业价值和专业技能实现质的飞跃，但是工作和面试还要继续。如果当下碰到了合适的Offer，如何在具体的谈薪环节中争取到属于自己的高薪呢？这就需要方法。

我还是先举一个具体的职业咨询例子吧。背景是这样的，咨询者是一位在广告公司工作了七八年的专业人士，TA找到我咨询的时候，明确表示不想在广告公司干下去了，因为是乙方公司，没有太多自主权和上升空间，希望跳槽到甲方公司，实现独立操盘。正好有一个刚创立的公司（品牌）希望跟TA合作。我仔细听完后分析，发现这个机会简直是“正想睡觉呢就有人送上了枕头”，于是就建议TA好好把握。

后来，TA按照我分析的要点和注意事项跟这个公司的创始人谈了很多业务和管理上的事情，方向上都没有太多问题了，只剩下报酬这块不知道怎么谈，所以TA又找到了我。TA在广告公司的收入结构比较简单：月薪3万元，年终奖多发一个月月薪，做项目的全年项目奖金大概在10万元左右，这样全年薪资合计在50万元左右。

如果TA继续在这个广告公司发展，薪资结构不会大变。而如果再跳槽一次，月薪和项目奖金都会上浮，全年薪资大概可以增加到60万元。但是，难就难在，TA并没有继续走广告公司这条路，所以原有行业跳槽涨薪的“潜规则”就失效了，而且TA加入下一家初创公司也不能完全照搬原来的标准。

怎么办呢？这时候就需要使用我原创的“同心圆”谈薪法。我先在一张A4纸上，由大到小画了3个同心圆——实际上可以多一个也可以少一个，只是这个案例需要3个。

最里面一个圆——跳槽涨薪的底线，必须坚守。TA原来月薪3万元，按照正常跳槽10%~20%的合理上浮计算，每个月可以多增加3000~6000元，可以接受，我们先按照上浮5000元计算，那么这一部分涨薪底线就是6.5万元（5000元/月×13个月）。

中间的一个圆——跳槽涨薪的期望，主动争取。跳槽到新公司后，TA不仅要负责具体业务，还要开展管理工作。按照工作职责TA是公司的合伙人之一，所以原来全年的项目奖金10万元左右就显然不适合TA了。在评估工作量之后进行分拆，提高业务相关的项目奖金分成比例，项目奖金可以增加到20万元。此外，根据公司整体的经营情况，增加管理绩效分红一项，每年10万元。总计比原来增加约20万元。

最外面一个圆——跳槽涨薪的赠送，多多益善。在TA原来的薪资结构中，最重要的是月薪和奖金，并没有股票。而新公司是创业公司，有很多员工股票，假以时日，公司真的上市了，这部分股票收入绝对是很可观的。但是，公司对股票的授予做了各种明确的规定，不会因个人发生改变，TA就可以照单全收。

按照“同心圆”谈薪法，TA跳槽后合理的薪酬方案和结构应该是：

月薪3.5万元×13个月+项目奖金20万元+管理绩效10万元+股票若干，即TA最终薪酬的现金部分是75.5万元（比原来增加约25.5万元，比在广告行业跳槽增加15.5万元）。股票部分根据公司统一安排，即使不把前途未知的股票部分算进来，也是一种不错的待遇。

最终的结果是TA拿到了这个年度薪酬总包，算上这个级别对应的各种福利待遇，TA的薪酬总额达到了80万元。至于股票部分，如果该公司有机会上市，TA每年的薪酬总包一定远远超过80万元现金。通过向我咨询，TA获得了超出预期的谈薪结果，一直很感谢我。但是，我跟TA说："你最应该感谢你自己，因为相比于这个短期的方法，中期的专业技能和长期的商业价值才是你在面试谈薪中最坚实的后盾和最有力的证明。"

实际上，我这个原创的"同心圆"谈薪法几乎可以适用于所有面试的谈薪环节。如果有正在准备面试的朋友读到，也可以自己试试看，其实很容易上手，还能自助式完成。我也不会把它注册成独家的知识产权，而是只把它当成一个开源的工具，只要能帮助更多人谈薪、拿到涨薪的结果就可以，因为工具的价值在于使用，而不在于占有。

但是，我要提醒一点，"同心圆"谈薪法以及我的很多其他谈薪方法，在我实际的职业咨询中，它们的难点不在于工具本身，而在于如何利用好这些工具。打个比方，手机这种工具本身并不难操作，但是有的人用来打游戏，有的人用来工作，而有的人用来高质量社交，不同的使用方式和使用场景让手机产生了不同的价值。

5.5 职业规划：你所听过的职业规划，可能很扯淡

在面试中，还有一个很特别的问题，不同角色的面试官可能都会问你：“×××，你自己的职业规划是什么样的？”退一步说，即便侥幸没被问到，这个问题仍会像“达摩克利斯之剑”一样始终高悬在每一个优秀职场人和高薪职场人的头上。只要没有答案，你自己的职业经营和职业发展就始终存在风险。

于是有一些人开始向外探求，其中有些人找到“职业规划师”进行学习，得到了这样的答案：3年后做到主管，5年后做到经理，8年后做到总监；而有些人找到了身边发展不错的朋友进行求教，希望能够复制别人比较成功的职业规划；还有一些人在找我咨询职业问题的时候，说自己的规划是在35岁的时候拿到百万年薪。

这些我们经常听到、已经习以为常的“职业规划”对吗？准确一点说，合理吗？在我们正式探讨这个问题之前，请允许我把自己当成案例，分享一下我的职业规划。

5.5.1 我的“三版”职业规划

我在很小的时候，无意中听到老爸说，人一辈子看上去很长，实

际上真正的职业机会也就那么几个，抓住了其中的几个就可以实现职业的连续向上发展。而且，太早和太晚的机会往往都没用，因为太早的机会，自己准备不足，很难把握好；而太晚的机会，则心有余而力不足。老爸说这话的时候，可能只是出于对人生和职业的感慨，没想到我会听到，可太早听到也没用，我真正理解这番话是在大学毕业准备工作时。

我在大学期间读了很多名人传记，想从那些知名人物的职业和人生中找到我做自己职业规划的一些启发。比如，我至今还清晰地记得我学生时代的偶像——普京是如何从一个普通的特工一步步走向俄罗斯的权力中心的。再比如，演员周迅曾被大学老师点醒，“如果你希望自己10年后成为中国知名演员，就应该倒推5年内、3年内、1年内你应该分别取得什么成绩，然后开始行动，一点点完成自己的小目标。”

当然，还有一些名人的职业生涯是“完全没有规划的”，用现在的话说就是比较佛系，看上去职业生涯都比较随缘。但是，如果深入一点看他们的传记就会发现，他们对自己想成为什么样的人，以及过什么样的生活是异常清醒的。在这种清醒之下，做什么职业和有什么职业规划，即便不说，也有了价值观的选择。

在临近大学毕业的时候，我们的辅导员给我们上毕业设计课——这可能是很多大学生最早正式接触和认真思考职业规划的一次机会，可惜很多大学生并没有意识到这件事的重要性和价值感。值得庆幸的是，我意识到了，后来一个朋友说，是我心里本来就有这根弦，而这门课正好出现在了合适的时间，拨动了我的心弦。

就这样，在我大学快要结束的时候（2009年7月），我有了自己的第一版职业规划。现在看来很粗糙，但是它当时对我很重要，依然对很多人有启发，限于篇幅，我先不做更多解释（实际上都有很明确的原因），只分享三个核心要点：

第一，行业上，首选互联网行业，备选文化产业和体育产业；

第二，岗位上，公关传播和市场营销方向，整合型发展；

第三，专业上，用10年时间成为行业内Top级别的营销推广专家，实战派。

这三点在现在看来是很容易、很清晰的选择，但在我大学毕业前后的那段时间里，却是很难的选择——为什么是这个行业？为什么是这个岗位？为什么是这个专业？很多很多为什么都需要我有足够的智慧和定力，否则稍不留神就可能被其他人和其他事带跑偏了。所以，我后来在做类似的职业咨询的时候，对咨询者特别能感同身受。

第一版的职业规划，我后来在“在行”App这个知识分享平台上总结过（直到今天，还有很多职场人在“在行”App上向我咨询或和我交流职业问题），由“行业—岗位—专业”所构成的三角结构适用于每一个处于职业起步阶段的职场人（工作0～5年内的）。这个三角结构的难点不在于知道，而在于怎么用它找到适合自己的三角结构，一旦找到适合自己的三角结构，就找到了最稳定、最扎实的职业规划。

于是，在第一版职业规划的指引下，我2009年大学一毕业就加入了当时还未火爆的互联网行业。随后10年赶上了可能是这个时代最大的职业红利——互联网行业高速发展，我不断修炼公关、市场、品牌、推广等岗位技能，并在阿里巴巴、美团等互联网大厂完成了一系列知名的代表性成功案例，为我的职业能力和商业价值背书。

如果说第一版职业规划“行业—岗位—专业”指引了我毕业后前

10年的职业发展方向，也让我的职业发展取得了一些所谓的“成绩”和“成功”，那么后来的第二版职业规划则极大地促成了我的终身职业，或者说终身事业——我还是喜欢自己做成点事，而不是想一直在互联网大厂当“工具人”——因为我要走的是创业家路线，而不是职业经理人路线。

但是，想找到这个终身职业和事业并不是一件容易的事，需要很多思考和探索。比如我一直很喜欢健身，它已经融入我的生命和生活中，那么做一个健身平台或者健身品牌，是不是终身职业和事业呢？开始我以为是，但是在进行了市场调研和初步的摸索后发现，它并不是。健身是我的心头好，但是我并不能用它来帮助别人。

再比如，我自己的专业领域，公关、营销、推广等专业技能是我喜欢和擅长的，也在阿里巴巴、美团等互联网大厂实操了10年，积累了很多前沿的经验和方法，我可以用它们来帮助其他公司解决问题，所以看上去开一个公关公司、营销公司、广告公司也是可以的。但是，我很清楚地知道这条路不行，因为除了可以帮我赚钱，我找不到开公关公司、营销公司、广告公司的其他理由，而我的终身职业需要“使命召唤”。

就这样，我一边在互联网大厂工作，一边利用工作之便接触和研究了很多新兴的行业、服务和产品。我终于发现：我一直很喜欢并且擅长观察和研究各种各样的“人”，同时很喜欢、擅长用各种各样的方法帮助“人”成长、成才和成功，只不过，过去这些帮助的对象和指向是我自己和我的朋友们。

Bingo！一颗赛艇！哇哦，太棒了！尖叫时刻到啦！Key moment来啦！我现在回想起来，还是这种惊喜的感觉和激动的心情，大家现在隔着书本应该也能感受到吧！在这种神奇的脑电路搭建中，我顺利地写出了我的第二版职业规划：

第一，使命上，帮助那些渴望主宰自己命运的向上青年成为职场上的专业人士。

第二，价值上，既有营销相关专业类的方法，也有职场经营和发展上的实战方法。

第三，途径上，用商业咨询的方式把经营技术导入“教练式”的辅导和培训中。

大家很容易看得出来，第二版职业规划和第一版职业规划明显不同，这是因为我自己的职业阶段和职业方向也发生了变化，所以要换一种完全不同的探索方法和呈现方式。我的第一个职业10年，是在互联网一线大厂工作，走的是专业的职业经理人路线；而第二个职业10年，我要去实践自己的创业家路线，职业方向是创业家。

在第二版职业规划的指引下，在过去1年多时间里，我已经帮助了500多位咨询者，他们大多是优秀的职场人，还有少数创业者。咨询的问题有些是关于职场经营和发展的，比如跳槽、面试、加薪、进大厂等问题，在本书中也引用了不少相关的真实案例；还有一些是营销专业类的，比如公关、运营、品牌、销售等问题，当然也有不少商业化的咨询，比如创业相关的、个人品牌相关的、投资变现相关的等。

其实这些只是我第二版职业规划的第一步。邀请各行各业成功的职场人分享一些可以借鉴的成功经验，从而帮助更多人丰富自己的职场经营方法，这是第二步。现在已经在知乎号和微信视频号“灿哥和朋友们”上做直播，未来还会制作两类节目：深度访谈类节目和成长观察类节目。我希望自己可以做出中国职场青年自己的《人生七年》。我已经建立了专业的职业咨询事务所，等到了合适的时间，我还要创办成体系、成规模的职业大学。

好了，让我们回顾下我的职业20年，虽然在写这一章节时才到第12年。2010—2019年这10年是我在一线互联网大厂工作的10年，2020—2029年这10年是我经营自己终身事业的10年。顺利的话，第二个10年结束的时候，我已经43岁了——人生的黄金年龄刚刚开始，年富力强、雄心勃勃。那么，43岁以后的若干年我还会做什么职业呢？

那就属于第三版职业规划的范围了，以目前的这个阶段来看，那时候我大概率是早期投资人+咨询顾问+作家，看上去有点不太相关是吧，其实这些角色都是第二个10年职业规划的充分延展。在目前的第二个10年中，我通过咨询的形式能发掘很多优秀的创业者和创业项目，如果真的认可这些创业者和创业项目，我是可以做早期投资的；而咨询顾问本身就是我的终身职业和终身事业，我会继续辅导那些优秀的职场人，帮助他们更好地经营自己的职场和人生。至于作家，也很容易理解，当大家看到这本书的时候，我已经有了作家的身份。随着接触的创业者和咨询者越来越多，他们的经历客观上为我提供了很多非虚构的宝贵写作素材，我希望可以把其中感人的、励志的、成功的真实案例改编成中国人自己的电影故事，传播正向的价值观，启发和激励更多中国人。

说到这里，可能很多人会好奇，为什么我会有这样三段明显不同的职业规划？如果你已经在内心产生了这样的疑问，那么恭喜你，你已经开始思考一个更为本质的问题——职业规划到底是为了什么？一定有人说，职业规划当然是为了更成功。那么我会问，为什么要更成功？更成功以后呢？更成功的价值是什么？

对我而言，职业规划的本质是“你是什么样的人？”“你到底想过怎样的一生？”向我咨询过人生定位和个人品牌的职场人都知道，我经常说“借事修人”，这里的“事”很大程度上就是职业中和职场上的事，而“人”就是你是一个什么样的人，以及你这个人想过怎样的一生。

说到底，职业规划是无法把一个人的职业和TA的人生观、价值观、生活方式、兴趣爱好等分开来看的。一个面试中的候选人说TA的职业规划是怎么样的，基本可以反推出TA是一个什么样的人，未来想过怎样的生活。在对一个人有了这样的了解和判断后，面试的终极目的也就达到了，但是，人生还在继续。

5.5.2 职业规划面临的挑战及相关设计原则

好了，听完我的故事，让我们再回到本节开头我提出的那个问题。当面试官问你你的职业规划是什么样的时，你究竟该怎么回答？我们假设一个职场人从大学本科毕业（22岁）开始工作到60岁法定年龄退休，一共要工作38年。实际上，这样的假设会面临两个现实挑战：一是法定退休年龄在不断往后延长，因为中国人口老龄化问题越来越严重，以后会有越来越多的职场人延迟退休；二是与法定退休不同，也会有很多职场人因为找到了自己的终身职业和终身事业而一直工作和学习，比如像我这样的职场人。

如果这样我们就无法进行讨论了，所以，我们还是假设一个职场人只工作38年。在多数情况下，面试官问你的职业规划，你可以只考虑10

年以内的职业规划，也就是从被问到的那一年开始往后推10年。10年的职业规划看似很长，但是放在整个38年的职业生涯中来看，这10年也只是职业的起步阶段。

比如，我现在正在辅导的一位优秀职场人，TA已经进到某互联网大厂的第三轮面试。在第二轮面试的时候，面试官就问到一个职业规划的代表性问题——未来是想走创业路线，还是想走职业经理人路线？这个问题，我们在TA向我咨询的过程中已经进行了充分的思考和讨论，所以TA在回答的时候一点也不吃力，直接分享了自己的答案。

但是毕竟还有很多朋友没有跟我做过深度的咨询和互动，这里就分享一个思考和设计10年以内职业规划的原则性方法：短期（1～2年）重点阐述在本岗位的价值和贡献，中期（3～5年）重点阐述在本公司内的价值和贡献，长期（6～10年）重点阐述在行业内的价值和贡献。考虑不少职场人并不会花6～10年的时间在一个行业中精耕细作，所以，三者相比，短期规划要更具体一点，中期规划可以有格局一点。

最后，如果你对自己的职业和人生更有追求，可以提前考虑自己整个职业生涯的规划，建议把职业生涯分为三个不同的职业发展阶段（比如我的职业规划就是把10年作为一个规划单位）。这里也只分享三个原则性的方法，它们都体现在我的职业规划中：

第一，专注性。一段时间内只专注于干一两件核心的事情。不论是“一万小时定律”，还是我自己经营职业的心得，以及我辅导很多优秀职场人的经验，都在告诉我“专注”的力量，只有“集中精力办大事”才能够建立职场和职业的绝对优势。

第二，延展性。一个阶段的成绩、经验和收获，最好可以为下一个阶段做铺垫、搭跳板，也就是站在“原来的肩膀上”可以让你看得更远，让你把职业经营得更好。大家都很熟悉的“转行不转岗、转岗不转行”就是这个道理，更底层的是能力和价值的延展。

第三，统一性。职业规划内在具有统一性，要综合考虑职业阶段、职业目标、职业优势、职业节奏等；外在也有统一性，要兼顾生活规划、家庭规划、财务规划等，切记不可分割和分裂地去设计和处理。否则，总有一天会“自食恶果”。

第 6 章

面试技巧篇：眼观六路，耳听八方

我们依次讨论有关面试的心态、动机、准备、策略和战术这五个部分，实际上是把面试核心技术的颗粒度逐渐变小，变得可感。在分享完这些之后，我们现在可以把颗粒度再变小一点，几乎到了最小的技术单元，那就是面试的技巧和问答。

为什么是这样的顺序呢？不论是我面试过的很多互联网大厂的候选人，还是辅导过的很多职业咨询的咨询者，从他们的经历和我自己经营职场的切身体会中，我发现没有心态、动机、准备、策略和战术，空谈技巧和问答是短视的，甚至是有害的。这就好比有些人想一口吃成胖子，而有些人想一夜暴富、一周暴瘦，这些想法能实现吗？

一旦掌握了面试的核心技术，面试技巧和面试问答就很容易理解、更容易上手。在接下来的两个篇章中，我就分享这两部分内容的结构化梳理，面试技巧侧重整个面试流程中的各种实战技巧，面试问答则侧重候选人和面试官之间的面试问题。考虑到篇幅，我各设计了10个要点，其他请移步微信公众号和视频号“灿哥和朋友们”。

如果你的照片拍得不够好，那是因为你靠得不够近。

——罗伯特·卡帕

6.1　技巧一：别总觉得自己是候选人，请把自己当成正式员工

我带大家回忆两种开场白：

一种是“你好，面试官，我是××岗位的候选人张灿，很高兴认识你”。

一种是“你好，面试官，我是××公司未来的职场伙伴张灿，希望跟你多多交流”。

有什么感受？第一种是不是绝大多数人都会脱口而出的开场白？对于面试官来说可能一天面试下来听了无数遍，已经选择性忽略了。我给这类开场白的评价是没有错，但是平淡无奇，没有任何记忆点。幸好，开场白是小事，并不影响面试判断。

那么，第二种是什么感受呢？是不是有很强的关系性、指向性和目的性？从关系性来看，公司未来的职场伙伴一定强于公司的候选人；从指向性和目的性来看，职场伙伴一定是需要平等的、对等的沟通和交流的，而不是简单的选还是不选的问题。

好的，这样一对比分析就发现不同的开场白产生的效果是区别很大的。所以就会有很多人说，一定要好好设计面试的开场白。不过，话又说回来，好的开场白并不会决定一场面试的成功；同样的，普通的开场

白也不会决定一场面试的失败。

这么一说，你就会问：开场白到底重要还是不重要？等等，你已经被我带偏了，居然开始关注开场白到底重不重要这种根本不值得讨论的问题，我真正想跟你分享的是“角色代入”的价值。通过这个简单的互动，就能发现，人是很容易接受角色暗示的，不论它来自自己还是外界，只要是你在意的。

实际上，在面试中，你自己的“代入角色”如果是候选人，那么这个角色只会暗示你：好好准备，好好发挥，好好把握这个机会，然后顺利入职。你的能量值就这些。然而，这些东西是所有候选人都会给自己做的心理暗示、心理建设和心理准备。

相反，如果你把自己的“代入角色”设置为这家公司未来的职场伙伴，那么这个角色就会暗示你：如果只有一个机会，那一定属于我；如果面试官很优秀，我想跟TA仔细了解和平等交流这家公司的业务、发展、现状、管理、目标、绩效等。

我们试想一下，当你以“公司未来的职场伙伴”这个角色暗示自己，并带入自己的面试中时，你在准备阶段会做出超出寻常的充足准备；你在竞争阶段会积极展现自身优势和长处；在面试环节中，你会跟面试官进行上边那样质量非常高的沟通和交流，并给面试官留下“积极进取”“很有自驱力”的深刻印象。

请问，如果真的只有一个机会，这个机会难道不属于你吗？

从某种程度上说，这种积极的心理暗示和心理建设（will）本身就是激烈的职场竞争中非常有效的竞争手段和竞争能力——先从心理和意识层面唤醒自己最强的能量、最好的状态，再围绕行动目标做非常专注、执着、细致、周密的准备和筹划，然后像拼图一样一步一步地实现它，最后发现，the will comes true（意愿成真）。

所以，千万别觉得自己是候选人，要把自己当成正式员工去准备、去争取。

6.2 技巧二：说得多还是听得多？聊过去多还是聊未来多？

每一个参加过面试的候选人都曾碰到这样的情况，有些面试官说话不多，更喜欢听候选人说话；而有些面试官则喜欢侃侃而谈，候选人只好看情况说话，对不？

所以，找我咨询面试技巧类问题的咨询者中，有很多人对我说："灿哥，在面试中到底是应该多积极地说话表达，还是应该多静静地听面试官说话，有点难把握。"

实际上，积极表达和静静地听并不矛盾，而且要充分结合起来。只有积极地、准确地表达才能够获得认识和赏识；而只有静静地听，才能够获得有效的面试信息。至于是说得多点好，还是听得多点好，完全要看跟面试官互动的具体情况和场景。

我在本书中反复强调的一点是面试本质上是一种带有明确目的的深度沟通，落脚点和关键词是深度沟通，也就是面试候选人和面试官之间双向的深度沟通。候选人深度沟通的目的是了解和判断该公司、该岗位是否符合自己的职业发展和职业价值，而面试官深度沟通的目的是了解和判断该候选人是否适合本公司和相关岗位。

所以，候选人和面试官的实际互动可以大致分为两类沟通倾向，一类沟通是候选人目的导向的，另一类沟通是面试官目的导向的。比如，候选人想多了解公司的薪酬、福利、待遇、文化等跟自己目的相关的信息，多听少说就很有必要；而如果是面试官想多了解候选人，那么候选人肯定要多说说自己了。

说和听，在本质上是深度沟通的输出和输入形式，说是输出形式，听是输入形式，都是形式上的。除了这个层面，其实还有一个层面更值得候选人注意，那就是不论是哪种形式，面试官和候选人聊的面试内容更多集中在过去还是未来。

举个例子，在面试一开始的环节，面试官一般都会让候选人介绍下自己的职业背景和职业经历，然后候选人就会先简单说说。接着面试官会对其中的一些感兴趣的部分进行深入问询，一来二去，顺利的话可以聊十几分钟。职业背景和职业经历这两点就是典型的过去，如果双方一直交流这些，说明面试交流集中在过去。

交流集中在过去意味着什么呢？从好的方面说，意味着面试官对你过去的职业背景和职业经历等比较感兴趣，愿意去了解，或者说至少不反感，可以聊一聊（很多面试只进行几分钟或十几分钟，基本上都是因为面试官对这一部分已经失去兴趣了）；从坏的方面说，如果一场面试绝大部分沟通都集中在你过去的背景和经历上，也很有可能说明面试官对跟你合作没有太多兴趣，因为没跟你聊未来。

什么是未来？你未来的职业规划是怎么样的、你入职以后打算怎么开展工作、你最快多久可以做完交接工作入职等，你一定已经发现了，这类面试沟通和交流的指向并不是你过去的职业部分，而是你未来的职业部分。当面试官在面试中和你充分讨论你未来的职业部分时，说明面试官开始考虑跟你合作了。

所以，我们可以总结为一次完整的面试沟通和交流，面试官和候选人聊的话题既有候选人的过去，也有候选人的未来。过去的部分大多时候可以告诉面试官，这是一个什么样的职场人，有什么职业技能和能力等；而未来的部分则可以让面试官提前感受和感知一下，这个人如果加入公司大致会有什么表现。

说到这里，大部分读者应该已经知道我想表达什么了，如果还有不太清楚的，我可以再举一个例子。在男男女女的恋爱中，一对男女从不认识到熟悉，开始的阶段，彼此更多需要了解对方的过去，因为没有两个人是完全相同的。而只有两个人一起讨论和面对未来的一些问题，比如讨论未来怎么生活、是否买房定居、谁来管钱等，才说明两个人已经开始真正考虑把对方当作自己的未来伴侣了。

6.3 技巧三：面试时紧张怎么办？请放心，都很紧张

有没有候选人面试时不紧张？我的观察结果是很少。过去我在互联网一线大厂工作的时候，面试找人是我非常重视的一项工作，因为它直接关系我是否能组建一个作战能力很强的团队。所以为了找到最合适的人选，我会面试很多优秀的候选人，那些能够入围我面试环节的候选人，已经是千里挑一了，但他们一样很紧张。

在我开了职业咨询事务所以后，职场教练的角色又让我多了一种观察和了解这些优秀职场人的视角。很容易就会发现，很多优秀的咨询者在跟我做咨询和互动的时候，不怎么紧张，甚至处于很放松、很平稳的良好状态。在向我咨询以后，他们再去参加各轮面试，很少有特别强烈的紧张感，都能正常发挥，为什么有这种反差？

由此，我回想起自己曾经做候选人的时候，参加美团、阿里巴巴等大厂的面试并最终拿到Offer的一个经验——如果感到紧张，那就让它紧张好了，紧张一会儿就没事了，不用分心去处理紧张。这个经验与很多人的惯常处理方法都不一样，但是在我身上好使，在我辅导过的咨询者身上也好使。

让我们先来看看通常的处理方法。比如，当我们紧张的时候，很多

人会说，请放松，不要紧张——这是废话吧，没什么用；也有很多人会说，深呼吸，放松身体，调整坐姿——嗯，这个好一点，至少在身体层面管用；还有很多人会说，可以把面试官当成大萝卜，把沟通的对象当成木头人——呃，这是自我麻木和洗脑吧。

当然，还有很多其他方法。在我看来，这些方法都有一个共性，那就是试图“否认紧张”或者“消灭紧张”，这就是最大的问题。因为对于大脑来说，不论是“否认紧张”还是“消灭紧张”，大脑都先是“识别紧张”，然后开始“否认紧张”或者“消灭紧张”。也就是说，本来大脑还没“识别紧张”，结果这么一弄大脑先“识别紧张”了。

而我的方法，是压根儿就不用“识别紧张”，不论客观上紧张，还是主观上紧张，不用管它，顺着它来就好。如果是紧张，紧张一会儿就没事了；如果不是紧张，可以视为等同于蚊虫叮咬之类的干扰。总之，专注于面试的事情，不用分心处理它。

用这种方法来处理面试时的紧张，有两个明显的好处（主观上的和客观上的），说说逻辑：

上面说的很多处理紧张的方法都是采用转移注意力的方式，也就是在面试、紧张之外又增加了转移注意力。我用深呼吸这个方法来举例，使用这个方法时涉及三件事：面试、紧张和深呼吸。而实际上，如果你一直专注于面试，进入了心流状态，就不会顾及紧张了，因为大脑根本就不会转移注意力去识别你“是不是紧张了”。

即便客观上有一些紧张，在面试中也是有好处的，为什么呢？因为适度的紧张会让我们的大脑处于高速运转的状态，可以让我们的大脑保持兴奋。在这种兴奋状态中，思维会很敏捷，反应会很迅速，跟面试官的交流会更有质量。如果可能的话，可以刻意地去找到自己适度紧张的状态，以让自己更好地应对面试，请你坚信紧张的作用。

最后说一个为避免面试时紧张较为蹩脚的做法，权当提醒。在咨询中，有些职场人为了防止紧张，特意把一些常见的面试问题提前准备好，相应的答案也写下来，背得滚瓜烂熟，心里想“这样总不会紧张了吧”。而实际上，这样做是很不可取的，因为没有人能准备好所有问题的答案，如果碰到没有准备的问题，面试中只会更加紧张，不知道如何回答。

实在担心怎么办？我只能说，如果真要准备，还是准备一些关键词和关键句吧，在面试的时候，就像正常说话一样把这些串起来讲就不紧张了。

6.4 技巧四：不太常见但是好用的跳槽渠道

每一种跳槽的渠道都隐含着潜在的面试机会和职业机会。那么，一种跳槽渠道被越多候选人知道，也就意味着有越多的竞争会发生在这个渠道上。这对每一个具体的候选人来说，成功实现跳槽的可能性都会相应地变低。

比如，智联招聘、前程无忧这两个国民级别的招聘平台，几乎所有的大学生和职场人都知道它们。对于相当多的人来说，如果想跳槽和面试，第一时间都会在这两个平台上寻找机会。可是很多人都有这种体验——在这两个平台上实现成功面试跳槽的概率并不高。

说到这儿，就不得不说面试跳槽成功概率的问题了。我们可以从两个角度来思考面试跳槽成功的概率：第一个角度是面试机会的质量比较高，想应聘的人就比较多，那么对每一个人来说单个命中概率就比较小，那么如果多投几家，“东方不亮西方亮”，最后也有很大概率拿到一个不错的Offer；第二个角度是面试机会的匹配度高，单从数量上看，可能这种面试机会并不多，成就成了，不成就算了，单一Offer命中的概率是0和1的区别，因为这种机会匹配度比较高，只要认真准备，命中概率还是可以不断升高的。由此，我们可以看出，虽然以上两种情况中

Offer的命中概率都是有大有小的，但是我们依然可以找到那个最终的可能命中路径，这是所有面试候选人都希望看到的结果。没有拿到Offer的候选人基本上都是这两方面都没有做好。

对于面试机会的质量，候选人重点求的是质，而不是量。也就是说这个跳槽渠道对你来说，最好是发布的招聘岗位普遍来说质量都比较高，这种情况下你面试跳槽成功的概率就会水涨船高；而不是数量倒是不少，但是质量都一般般。这里我举个例子，一些做垂直行业招聘的App的质量相对较高，因为都是行业内的候选人和公司。相比较而言，那些综合类的招聘网站“大而全”，什么岗都有，但什么都不精。

对于面试机会的匹配度，候选人看中的是它与自身的匹配度，也就是说需要这个跳槽渠道给你推送高质量的岗位，低质量的岗位都不一定适合你，因为高质量的岗位可能不会选你，而你也不会主动选择低质量的岗位。所以匹配度高就变得很重要，匹配度越高，最后成功的概率也就越大。也举个例子，比如很多人都会接触猎头，除去一些不太靠谱的猎头，绝大多数猎头推荐的面试跳槽机会还是追求高匹配度的，为什么呢？因为对于猎头来说，没有高匹配度，就很难有后续的成功推荐。

我们分析完面试跳槽成功的概率问题之后，接着就来分享下有哪些好用但不常见的渠道。

第一，内推。内推即内部推荐，可以推荐自己认识的人，也可以推荐自己不认识的人。通过这个渠道进行面试跳槽的特点是匹配度一般较高，质量因人而异。因为是内部员工推荐，所以候选人有机会详细了解招聘岗位的详细信息，比如岗位来历、工作内容、内部关系等，有时候内部员工也会帮忙进行初步评估。

第二，官方渠道。官方渠道包括但不限于官方微信、官方微博、官方网站、专用校招和社招网站，以及招聘人员的朋友圈。这个渠道的特点是质量毋庸置疑，匹配度因人而异。因为都是官方第一时间发布的招聘岗位，所以质量都是比较好的，特别是那些大公司和知名企业的岗位，但是因为发布量众多，候选人要好好挑选适合自己的岗位。

第三，职业咨询人士或职场教练。这里主要是指一些专业的职业咨询人士或职场教练，这些人往往工作多年，人脉众多，同时又因为自身的咨询业务，会大量接触一些招聘负责人和猎头等，甚至有独家的合作。所以通过这个渠道寻找的合适的面试跳槽机会，质量可靠，匹配度高，综合价值最大，但是相比于内推和官方渠道，这个渠道会产生费用。

以上这三种渠道，都是好用但不太常见的跳槽渠道，说不太常见，是相对于那些一般职场人都知道的招聘渠道而言的。实际上，现在越来越多的职场人知道并善于使用这些好用的渠道，特别是优秀职场人和高薪职场人。知道的人越多，使用的人就越多，相应的竞争就会增加。从这个角度来看，官方渠道现在知道的人越来越多；而内推和职业咨询人士或职场教练，前者是知道的人多，但用的人少，后者是知道和用的人都少，当然，这都跟候选人的信息获取能力有关，也和这两种渠道需要很多社会关系作为门槛有关。

6.5　技巧五：成功跳槽的三个高效路径

我在写这部分内容的时候，刚把一位向我咨询的职场人辅导进了美团，TA的收入和之前相比也有所提高，将近百万。我很有成就感，TA也很开心。花的咨询费虽然多，但是很值。实际上，TA找我咨询有一个好处，用TA的话说就是，找我咨询后跳槽变得很高效。

为什么很高效呢？因为通过咨询可以快速get核心干货。我记得第一次跟TA做简单互动咨询的时候，我就分享过一个重要结论——职场人要想跳槽成功，或者越跳越好，除了创业那种少有人走的路（也是小概率事件），大概率上只有三种路径。

路径一：借助自身在岗位上的专业技能和专业水平实现成功跳槽。如果要走这条路线，候选人就必须确保自己的专业技术和专业知识在绝大多数情况下是领先多数同行的，也就是常说的在某个专业领域是Top5、Top10级别的业务小能手。当这类人才想去争取外部的机会时，这种专业上的地位可以为他们卡位。

路径二：借助自身在某个行业中的持续经营和深度积累实现成功跳槽。如果要走这条路线，候选人就必须在某个细分行业中工作若干年，并已经积累了很多的行业经验、知识、资源、人脉等。当这类人才想去争取外部的机会时，这种行业积累优势就成了他们绝对的核心竞争力。

以上这两种路径，一种是岗位上的绝对优势，一种是行业上的绝对优势。当然也有一些咨询者属于单独的绝对优势都不是最强的，但是组合起来的相对优势很明显，比如专业水平和行业经验都是中上等，那么这类人也是性价比很高的不错人选。

跳槽的时候有一句特别经典的忠告，“换行不换岗，换岗不换行”，为什么？从以上这两种高效路径也能够看出，如果是想转行或者转岗，最好选择保留其中一个，延续自己在职业上的积累和先发优势，尽量避免同时转，否则会同时失去两个优势。

路径三：借助自身在某个平台上的综合影响力、知名度、口碑等实现成功跳槽。如果要走这条路线，候选人可能在专业上和行业上都没有足够多的竞争优势，但是候选人所在平台却有很高的知名度和很大的影响力，可以带来很高的关注度。当然，如果候选人本身在专业上和行业上都很能打，那就最好了。

当我们分析完这三种十分高效的跳槽路径，就可以结合自己的职业规划、发展目标、能力象限等重要因素，进行选择和设计。需要特别提醒的一点是，在实际的职业发展和经营过程中，这三种高效路径不是单独的、孤立的，很多时候是各有侧重、相互结合的。在实际的咨询案例中，它们的占比也各有不同。

比如开头提到的那位咨询者，TA的专业技能在原来的公司属一流水平，行业内至少也是中等以上，行业的积累也差不多是中等以上，原来平台的综合影响力还可以，也差不多是中等以上。在跟TA向我咨询的过程中，我对TA的判断是三种路径的占比分别是岗位占三成，行业占四成，平台占三成，整体的配比就是3：4：3，在面试中适合走高性价比路线。

最后，建议大家多关注NBA运动员的职业生涯，他们的每一次转会和加盟都是最直接、最明显的跳槽案例，其中很多跳槽的思考和设计可以启发我们。

6.6 技巧六：吃饭也是一种面试？

我原本想写的题目是“有哪些非正式的面试？”，但是这个标题难以让人理解——接触过非正式面试的可以理解，没有接触过的压根儿就不知道。那么怎么才能让职场人更好地了解非正式面试呢？我换种说法吧，吃饭是不是面试？

还是先举个例子吧。我在创业开职业咨询事务所之前，基本都是在国内的一线互联网大厂工作。有一次，我准备从一个大厂跳槽到另外一个大厂，在正常走完所有业务面试和HR考查流程后，我心里有点“打鼓”，还想更多地了解岗位的背景和细节，所以我在正式接受Offer之前，约直属领导私下吃了一顿饭，用同行交流的状态和领导聊了很多，也正是这顿饭坚定了我对这个岗位的判断。

其实我不仅喜欢约领导们吃饭，也喜欢约一些面试候选人吃饭。这样做，主要是出于两种考量：一是面试是双向的，候选人需要多了解公司，公司也要多了解候选人，经过充分的了解双方才能做出更准确的判断；二是各种面试的本质都是带有目的的深度沟通，只要能达到本质目的，各种面试方法都可以看情况使用，只是形式上的区别罢了。

此外，一些非正式的面试还有额外的好处。比如，在正式场合进行正式面试，双方往往都比较拘谨，放不开，也不会展现太多；而在一些非正式的面试中，双方往往都比较放松，更容易进入自然和高质量的交流状态，对对方的了解更立体。

那么，对于优秀职场人和高薪职场人来说，通常可能会碰到哪些非正式面试呢？我总结出来常见的三种：私下约饭（多人或者两人）、参加娱乐休闲活动（多人或者两人）、旁听会议或者参加头脑风暴（多人）。下面具体说说这三种非正式面试方式：

从非正式面试发生的频次上来说，私下约饭可能是频次最高的。发生的时间节点往往是在基本确定这个人选之后，公司和领导希望了解候选人更多的个人信息、处事风格、职业背景等，以便入职后快速开展工作。我最近接待的好几位咨询者都是这种情况，而且，越是高级岗位和重要岗位，碰到这种非正式面试的可能性越大。

与私下约饭同类的另外一种非正式面试，是一起参加娱乐休闲活动，比如打球、参加社交酒会等，这种方式的频次虽然没有私下约饭那么高，但是因为形式更加私人一些，参加的人员也是一定圈层之内的人，所以基本可以理解为，这是一种小范围的集体面试，或者说场景式面试——看看候选人在真实场景中的状态和反应。

旁听会议或者参加头脑风暴，这种非正式面试会让很多候选人掉以轻心，因为它最接近真实的职场环境。但是因为候选人的角色，注定了几乎不可能完全掌握公司或者项目的所有情况，所以这种信息不对等的情况实际上对候选人的考验是很大的，候选人既要考虑如何展现自己的专业水平，又要兼顾自己实际的信息掌握情况。

其实还有很多非正式的面试形式，限于篇幅，我只分享了三种特别常见的。那么一定有人会问，如果碰到这三种非正式面试，该怎么对待和处理呢？这个问题很好，但是太大，不是一两句话能说清楚的。在我实际的职业咨询辅导中，往往都要对咨询者进行一对一有针对性的分析、判断，并进行模拟、推演和实战，所以这里只说应对原则：

原则一：做真实的自己。非正式面试的最核心目的是面试官想了解候选人真实的自己。

原则二：安全是底线。很多非正式面试都不是在公司环境中，人身安全是必须考虑的。

原则三：关注目的。非正式面试也是面试，面试本质就是带有目的的深度沟通。

6.7　技巧七：如何判断自己在面试中的表现？

我们得先说为什么要判断自己在面试中的表现。很多人觉得面就面呗，不用判断。对于有这种想法的职场人，我给他们两个理由：其一，在面试中，及时判断自己的表现可以很快地调整自己的状态、思路和沟通方式等，可以更好地把握面试机会；其二，在面试后，回顾自己在面试中的表现可以总结经验，提高面试成功率。

这么一说，应该没有多少职场人不明白了，那么我们就来看看如何判断面试表现。判断面试表现这个问题，通常可以从三个角度进行衡量，而且这三个角度是相互影响、密不可分的。第一是自己发挥得如何，满意不满意；第二是给面试官留下的印象如何，满意不满意；第三是双方互动的质量如何，沟通和交流得好不好。

先来看第一个角度，自己发挥得如何，满意不满意。我相信，所有候选人认真准备后，都希望有一个漂亮的发挥，甚至是超常发挥，这种心态我是十分理解的。但是在我辅导过的面试类咨询案例中，在准备面试的最后一次咨询中，我一般只是提醒对方，放轻松，正常发挥就行，平时是怎么演练和准备的，面试的时候就怎么稳定地发挥出来。

这句话是不是有点似曾相识？对，就是我们从小到大一路考试过来，特别是在中考、高考、摸底考试、排名考试这一类节点性的考试前，老师和家长都会说的那句话——放轻松，正常发挥。这句话放在面试中也一样适用，这是因为平时的准备已经定型了，并不会发生质的变化，与其通宵达旦地应急，不如放松地应对。所以在面试中，如果自己平时已经准备好了，那就好好沟通；如果还没有准备好，可以灵活、专业地输出，尽量展现出自己的职业技能和个人特质。

第二个角度是看面试官在面试中呈现的状态。从某种程度上看，这也是候选人对自己面试的一种正向反馈。比如，有些候选人在回答面试问题的时候，经常被面试官打断，虽然打断别人说话不是一个好的习惯，但是反过来看，也可能是候选人在面试中没有抓住说话重点，让面试官忍不住打断。

其实，在面试中，面试官是候选人表现的一面镜子。只要候选人认真、准确地解读面试官的语言、语气、表情、姿态、动作等细节，就完全可以得出一些方向性的判断，然后根据判断进行及时的调整，当然这很考验候选人的人际交往能力。在本书“面试战术篇”中我曾说过要会“管理印象”，这里就正好是相对的，候选人先通过“管理印象”影响面试官，再通过解读面试官“对自己的印象”来判断自己的面试表现。不过请注意，你想管理的印象和你给别人留下的印象未必是完全一致的。

最后一个角度是看候选人和面试官双方的互动质量如何。这一点很大程度上决定了候选人能否进入下一轮面试，或者能否收到最终的Offer。很难想象两个人在面试中不欢而散，或者话不投机，最后还能成为同事或者上下级一起合作。这时就需要一个“上帝视角”，就好像候选人在跟面试官进行正常面试沟通的时候，还有第三者站在完全旁观的立场上，不介入、不干预整个面试，客观地观察记录。当发现很好的地方时，及时强化和巩固，当发现不好的地方时，可以提醒。

这个"上帝视角"可以是候选人自己，比如我辅导的一些面试咨询案例中，候选人面试聊完以后，我会引导候选人回忆和复盘面试中互动的细节，进行情景再现，其实就是让候选人采用"上帝视角"及时总结经验和教训；当然，这个"上帝视角"也可以是其他人，比如在上面的描述中，我这个咨询教练也是"上帝视角"，而且往往会比候选人本人更加客观和专业，因为我没有复合的身份。

从这三个角度对面试表现进行综合分析后，候选人就可以给自己的面试打分了，相当于自检自查。为了更好地完成这件事情，我会建议咨询的学员在面试中一定要全程录音（使用录音笔、录音棒、手机录音软件等），这样更方便自己事后回顾和总结。

6.8 技巧八：面试总是“一轮游”的三个可能原因

在找我做职业咨询的各类咨询者中，有这么一类咨询者看上去比较特殊，他们的教育背景和专业背景都不错，但是，一旦想找更好的平台，或者跳槽到行业中的大厂，就总是碰到面试“一轮游”的情况——简历关顺利通过，第一轮面试后就从此杳无音信。

这类咨询者找到我的时候，往往都是痛苦中夹杂着疑惑、不解中带有不甘，处于一种很复杂和微妙的心理状态。对于这种情况，我很是理解，经常会不由自主地想起特鲁多医生的墓志铭——“To cure sometimes, to relieve often, to comfort always”。该墓志铭翻译成中文就是著名的“有时治愈，常常帮助，总是安慰”。

问题是下一步应该怎么办呢？我建议碰到这种情况的职场人跟我做如下三个动作：第一步，如果可能，先暂停接触一切新的工作机会，哪怕这个机会很吸引人，甚至不可错过；第二步，把自己的简历、职务作品、项目总结等有价值的材料汇总在一起，详细、全面地梳理一遍；第三步，自己或者找专业人士问自己三个问题。

问题一：简历是否过度包装、过度美化，让面试官产生了很高的期望值？

我知道，很多职场人在着手跳槽的时候，非常看重简历，因为如果不能顺利通过简历关，也就意味着没有后面的机会。所以这些职场人，有的会花钱请人修改简历、定制简历，有的会花很多时间找精美、漂亮的简历模板，总之，想尽一切办法提高简历通过率。注意，我这里说的一切办法都是正当方法，不包括简历造假。

然而，就像我在“面试战术篇”中所说的，简历的最大作用是在整个面试环节始终引领注意力，只要能达到这个目的的简历就是好简历。从这个角度看，过度包装和过度美化，一方面没有必要，另外一方面会在无形中拉高面试官对你的期望值，在这样的期望之下，表现好是应该的，而表现一般就会带来非常明显的问题，“一轮游”命运就此埋下。

问题二：专业水平、职业定位、资历经验等是否真的和招聘岗位匹配?

从面试的整个流程来看，简历关的信息量远远没有一对一面试、多对一面试的信息量大，这种情况对候选人、面试官双方来说是一致的，由此就会产生一种信息的偏差——光看简历，彼此觉得都很合适，但面谈后发现有不合适的地方。当然，不会有完全合适的人选和岗位，所以双方都要评估风险点是否能接受。

在所有不太合适的风险点中，如果有专业水平不合适、职业定位不合适、资历经验不合适这三种十分“硬核”的不合适，那么对于面试官来说，越早发现，越早排除；对于候选人来说，越早发现，越早解脱。但是，对于面试官来说，可以另寻他人；而对于候选人来说，就要思考自己是否需要调整跳槽的目标，以及是否需要更新自己的职业优先级。

问题三：面对面沟通、一对一会谈等人际交往中是否存在沟通障碍?

按照我一直以来的观点，面试是一种带有目的性的深度沟通和交流。对于公司来说，是挑选合适的合作伙伴，对于候选人来说，也是在挑选合适的合作伙伴。既然是这样，那么，不论是面试官还是候选人，都应该在面试这种特殊的沟通场合里遵循一般的人际交往原则和沟通原则。比如，是否守时、礼貌，态度和礼仪是否得当，谈吐、动作、表情等是否存在容易让人产生误解或者让人感觉不舒服的地方，等等。所以你会发现，这些所谓的沟通障碍都是细节，在高薪职场人和优秀职场人的面试和选拔中，细节确实可以决定命运。

6.9 技巧九：面试时间、着装、性别等因素不重要吗？

关于面试的时间、着装、性别等因素重不重要，其实有很多说法，每个人也都有自己的体会。我举个例子，比如我原来在大厂作为业务负责人面试候选人的时候，在不是很着急的情况下，我一般都把面试安排在下午茶时间以后，差不多下午4～6点的样子，为什么呢？因为这个时间段，不论是我还是候选人，都是最接近职场人的样子。

我也知道，不论是候选人还是面试官，有些人喜欢在上午进行面试，因为上午往往是一天中最有精力和状态最好的时候，面试的效果往往是好的。而有些人喜欢在中午或者晚上进行面试，因为这个时间段如果不做其他事情也都是被吃饭占用了，进行面试反而是充分利用时间，而且还方便一起吃顿饭，非正式地多聊聊。

所以你看，只是面试时间这一个点，面试官都有不同的偏好。那么，问题来了，对于候选人来说，如何利用好这些看上去不重要但实际上影响很大的周边因素？

原则一：面试时间上，前期以自己为主，后期以面试官为主。

前期以自己为主的意思是，在时间可选的情况下，尽量选那些你自己比较方便、精力和状态都比较好的时间，便于自己更好地发挥。比如有些人在早晨精力很好，那就可以优先选早晨，而有些人是“夜猫子”，那就可以优先选晚上的时间。

但是，随着面试的深入，特别是进展到后期，面试官的层级越来越高，决策的影响力也越来越大，这时候的面试时间还是尽量以面试官的时间为准，你要尽量配合。为什么呢？一方面是层级越高的面试官，他们的时间越宝贵，协调面试的难度越大，你需要及时抓住面试时机；另一方面也可以帮你建立“好合作、易配合”的印象。

原则二：面试着装上，正式面试看场合，非正式面试看性格。

有很多人说面试的时候一定要穿正装，这话有点绝对了，“到什么山上，唱什么歌”，如果是金融、证券行业，法务、财务专业，可以优选正装；但如果是互联网行业，市场岗位、技术岗位，穿正装面试，只会让面试官觉得你和他们不是一类人。

所以，关于面试着装，在正式面试的时候，主要看场合，要根据所在的行业、岗位、工作场景等因素综合选择最适合的。总之，让面试官“感觉”你和他们是一类人就好。而如果是非正式面试，比如约饭面试、约喝咖啡面试，这种时候可以适当选择符合自己性格和审美的服装，借此增加一些个人色彩，给人耳目一新之感。

原则三：面试性别上，充分利用“异性相吸”，演练“同性相斥”。

在职场中，善于合作的人都会充分利用好“异性相吸”的人性特点，在面试这种目的性很强的沟通中，也不例外。比较典型的“异性相吸”有两种，即男候选人+女面试官、女候选人+男面试官。对于前一种，女面试官往往会关注很多细节和感受；而对于后一种，男面试官往往会关注很多策略和结果，这是两性差异。

在明白了两性的差异后，高手往往都是“雌雄同体”的，这也是我比较偏爱这种候选人的深层原因。而当这种两性差异不明显，或者两性差异趋同的时候，“同性相斥”就近乎不可避免了。因为相似的方式方法、思维习惯会产生同类比较，争夺话语权，这种情况就需要对面试中的“同性相斥”进行模拟和演练。

比如你要学会区分哪些是可以进行不同观点交流和碰撞的地方，是在安全范围内的；哪些是不容置疑、不容挑战的具有权威性和专业性的地方，认同也许是不错的选择。

6.10 技巧十：一定要学会综合利用各种力量，帮助自己面试成功

10多年前，我进互联网行业工作的时候，热度最高、竞争最激烈的行业是证券、金融、银行这些行业。而在我扎根互联网行业一口气干了10年时间后，一切都变了天，互联网行业逐渐成为大学生和职场人最受欢迎的行业，甚至可以说没有之一。

其实，包括互联网行业在内的各行各业，今天的职场竞争都变得越来越激烈。如果你对此没有我这样长达10年的切身体会和实战经验，你可以去看看每年几百万大学生毕业就业的情况，或者试着投一投成千上万职场人心仪的大厂招聘岗位。

在这种时候，很多传统的面试方法和招聘渠道就开始变得不那么有效了。我举一个例子，因为新冠肺炎疫情的影响，2020年很多招聘都是通过网络视频完成的。在一开始，这对很多面试候选人和面试官来说都是一种挑战，时至今日，还是有很多候选人不能非常熟练地使用网络进行视频面试，因为很多人确实对镜头陌生和恐惧。

在我的职业咨询事务所中，我在2020年就曾碰到过一个这样的案例。咨询者本身条件很优秀，如果是传统的线下面试应该问题不大，但是突然要进行网络视频面试，TA完全没有任何头绪，手足无措，没有镜

头感，没有对象感。这种情况下该怎么办呢？没有任何一个HR或者猎头可以告诉你怎么跟镜头交流。

在这种情况下，我没有选择一直以来的语音连线咨询和线下见面咨询这样的固定咨询形式，每一次都是直接和咨询者进行视频咨询，让TA对这种形式建立熟悉感，然后又邀请TA参加了我和知乎合作的职场公益直播，交流了很多职场经验和方法。这样持续几次以后，我告诉TA可以约网络视频面试了，TA还将信将疑。

在TA第一次面试完后，TA非常激动地跟我说："灿哥，我发挥得很好，谢谢你！"最后TA也顺利拿到了Offer。其实这一切都在我的意料之中，因为我对TA的判断是TA的职业能力和面试技术本身没有任何问题，最大的问题是TA对网络视频面试有恐惧感和担心，我只需要在TA向我咨询后解除TA的这种恐惧感和担心就可以了。

通过我这么一说，是不是感觉很简单，对，其实很简单。但这是旁观者的视角，只有当事人才知道要克服这种恐惧感和担心，走出这一步，需要多大的勇气和努力。对TA来说，需要一种非常有同理心和针对性的训练方法。于是，TA找到了我这个外部的力量来帮助自己，而我的咨询方法和咨询风格，是完全定制化和追求效果的。

除了我创办的这种职业咨询事务所之外，其实还有很多外力可以为咨询者所借用，一定要学会综合利用。比如，如果想跳槽进到某个公司，可以多认识一些这个目标公司的职场人，通过这个渠道获得很多内部信息，甚至是内部推荐的机会；再比如，如果想跳槽到某个全新的行业，一定要找这个行业的专家或大佬直接沟通。

比起完全依靠自己的力量、努力，综合利用各种有效的外力可以让你的面试成功率大大提升，让你获得比其他候选人更多的选择机会。但是，我需要提醒各位职场人一点，千万不要把借助外力当作成功的捷径，一方面是成功没有捷径可言，有的是更好的方法，借助外力就是其中之一；另一方面，能不能成功最根本的因素还是你自己。所以，每当有咨询者过来感谢我，说我是TA的贵人、导师，我都会非常认真地说："你要感谢的是你自己的努力、眼光和选择，而不是我，我只是拉了一把而已。"

第 7 章

面试问答篇：积极总结，实战复盘

上一章分享了面试技巧，因为技巧太多，考虑到篇幅，我只分享了我认为比较常见的10个技巧，如果还想不断学习和了解各种面试技巧，在我这儿还有两个途径：

途径一：每周固定时间在和知乎合作的职场类公益直播中，我都会和一位成功的职场人朋友聊一个职场人的核心利益点，知乎搜“灿哥和朋友们”即可。途径二：微信搜索“灿哥和朋友们”，关注我的公众号（同名）、视频号（同名），我在这里分享了大量一线工作的思考、方法和技巧，当然，如有需要，也可以向我咨询。

在这最后一章，我将分享自己“百万年薪职场人+大厂业务负责人+职业咨询事务所创始人”三重身份积累的面试“经典问答”，带领大家见招拆招，拿到Offer！注意：面试官问答部分只分享知识点，没有标准答案；候选人问答部分只说明问题存在的理由。

媒介是人的感觉能力的延伸或扩展。

——马歇尔·麦克卢汉

7.1　面试官问题一：你觉得你是一个什么样的人？

这是个经典问题，乍一看特别像哲学问题，或者像人生问题。类似的问题还有，你从哪里来？要到哪里去？想过怎么样的一生？想要一份怎么样的工作？等等。但是千万别娱乐化地去理解这个问题，因为这个问题实际上贯穿了整个面试过程，你对这个问题的思考和回答也很大程度上决定了面试官对你的判断。

在实际的面试中，很多面试官都会在开场的时候说一句“请简单做一个自我介绍吧”——是不是对这句话特别熟悉？这时候，很多候选人就会把简历中的一些关键词和关键内容原封不动地背诵一遍。这样处理呢也没有什么错，但是，这样处理却浪费了一个特别好的机会，而这个机会可以用来直接告诉面试官“我是一个什么样的人”。

实际上，“你觉得你是一个什么样的人”想考查的知识点是你的自我认知能力以及你和公司合作的可能性，包括但不限于技能、专业、风格、价值观、个人特质等。我在做职业辅导和职业咨询的过程中，经常把这两部分用圆圈来表示，看它们的重合度。

在自我认知能力上，如果你对自己的职业规划和专业定位是某个领域内的顶尖专业人士，那么你要思考和分享的重点就应该集中在你有什么样的专业背景，你是怎么走上专业道路的，你在这条路上不断积累了哪些专业经验和专业价值，如何展现你的专业价值。

在和公司合作的可能性上，你要根据在面试准备过程中收集到的公司信息、行业信息、岗位要求等内容，再结合自己的职业规划、职业定位、职业发展目标等，尽量扩大两者的交集部分，让面试官和你自己都能看到合作价值的最大化。

7.2　面试官问题二：可以分享两个工作中的经典案例吗？

如果说第一个问题“你觉得你是一个什么样的人”是作文的标题，那么现在这第二个问题，就是对第一个问题的实际的验证，也就是“举例子”，证明你所说的“你是什么样的人”。比如，你说自己是“某个领域的顶尖专业人士”，那么对应的经典案例呢？

这符合人们正常的认知顺序——先说自己是什么样的人，再分享自己干了什么样的事，人和事相互印证、互相强化。用现在流行的话说，就是“人设”立得住，否则就会产生矛盾、疑点重重。另外，这样沟通也有利于面试走向深入、具体、可感，只有通过具体的案例，面试官才能够判断候选人的工作能力。

但是，一个完全没有参与你过往工作和项目的面试官，想要让TA在短时间内通过你的案例分享，认识到你的工作价值、专业技能、团队贡献等，是有很大认知障碍的，对不对？换一种角度看，这种认知障碍是公平地存在于每一个候选人的案例分享中的。如果你可以用一些方法让这种认知门槛降低，你就占据了有利地位。

我认为最好的方法就是“逻辑框架法”，或者说“逻辑结构法”，它可以让别人短时间内对一个陌生的案例产生非常清晰的认知。比如我在职业辅导和职业咨询中经常推荐的一种逻辑框架就是：项目背景是什么—面临什么冲突和挑战—为了达成目的需要采取什么策略和方法—策略和方法的效果如何—经验总结分享。

这种分享经典案例的方法，往大了说，非常有想法、有思路；往小了说，非常扎实、严谨，整体的认知又非常统一、完整和结构化，可以完美呈现经典案例。

7.3　面试官问题三：你认为，凭什么你值这个钱？

可能很多面试官不会这么赤裸裸地和你谈“你值多少钱”这个问题，但是，请一定记住，面试官一定会在内心判断“你值多少钱”以及“你值不值这个钱”。所以，从这个角度看，如果面试官愿意和你赤裸裸地谈这个问题，那么我要恭喜你：一是你在专业上已经没什么问题了，大概率过关了；二是你碰到了一个愿意和你谈核心利益的领导。

那么，接下来你就要非常认真、诚恳、有逻辑地去告诉你的面试官为什么你值这么多钱，然后面试官才好帮你去争取。但是，这时候，很多致命问题出现了，主要有两类：一类是有相当比例的面试候选人“不好意思”谈钱，缺少实战训练；还有一类是即使过了心理关“好意思谈钱了”，但是不知道该怎么谈钱。

对于第一类情况，这里简单说下，心理障碍还是要从心理入手去解决。如果你真的像我在本书第1章所说，认为自己和公司是投资关系、博弈关系和互利合作关系，那么你就能够大胆、坦率、公平地去谈“你值多少钱”，反之，说明你还需要继续训练。

这里重点要说第二类情况，在我的职业咨询和职业辅导中，很多咨询者都通过向我咨询和经我辅导，很好地解决了这个问题，有些人年薪百万，有些人年薪翻倍，他们是怎么做到的呢？从三个角度准备：职业价值准备、人才价值准备、市场价值准备。

职业价值准备是把自我的核心技能、专业优势、业务强项等职业价值要素十分清晰地呈现出来；人才价值准备是把自己放在人才市场中，看看同等类型人才的“行情”和“行价”，做一个参考；市场价值准备是从个人品牌和品牌运营的角度，去评估自己的市场价值，比如是否有品牌溢价，是否具有品牌稀缺性等。

7.4　面试官问题四：如何度过艰难时刻？

这个问题并不常见，但同样是面试中的经典问题，主要原因是这个问题相对高阶一点，更多针对有一定工作经验和行业阅历的职场人。对于这类职场人来说，他们可能经历过行业的起起伏伏，也可能经历过岗位的高高低低。用一句话来概括就是，他们大概率既经历过顺风顺境，也经历过逆风逆境，包括特别艰难的时刻。

那么为什么艰难时刻很重要呢？一种稍微“鸡汤”一点的说法是，正是那些艰难时刻的决定和措施才造就了一个职场人的现在。这句话虽然“鸡汤”，但并非没有道理。用我职业发展和职业经营的专业角度看，在顺风顺水的职场环境中，其实很难看出一个职场人的底色和能量，而只有在逆风逆境中才能看出这个人的可能性。

比如特斯拉的创始人马斯克就说过，他招聘一个重要人选的时候，一定会听听这个人所经历的艰难时刻，以及TA是如何度过的。再比如在我写这一章的前几天，我受邀参加了世界著名建筑师安藤忠雄先生的线上沟通会，安藤忠雄先生也认为人生充满挑战，碰到艰难时刻，他会多想想下一步怎么走，然后一步步解决问题。

所以，这确实是一个质量非常高的面试问题，值得认真思考和准备。至于怎么回答，我建议分成两个部分来处理，第一部分是定义自己的艰难时刻。相比于那些电影中的艰难时刻，自己真实面对过的艰难时刻更有价值，自己也更有体会，首选职场中碰到的一些冲突节点、压力节点、痛苦节点，次选生活中的重大变故、财务危机等。

第一部分相当于背景介绍，第二部分就是分享自己是如何度过艰难时刻的。如果你平时多留意和多交流，就会发现每个职场人都有不同的方法，比如我比较推荐的是，在工作中多用“深刻复盘”的方法，在生活中则多用“运动+看书”一动一静的方法。

7.5 面试官问题五：我没有什么问题了，你有吗?

几乎在每次面试快结束的时候，面试官都会问这样一个问题——“我没有什么问题了，你还有什么问题要问我吗？”很多职场人以为这是一个礼貌性的问题，在暗示面试要结束了。当然，还有一些职场人从技巧性的角度出发会认为，这时候是面试的加分时刻，如果能问出一些好问题，会给面试官留下很好、很深刻的印象。

这两种理解和相应的做法，其实都没错，因为从面试官的角度看，确实存在这两种情况。但是，千万不要为了问而问，显得很“聪明”。最好的做法是如果确实已经充分沟通了，彼此都很了解和有了判断力，那就快速收尾结束，简洁干脆；如果确实存在一些问题或者有干扰性因素，那就十分明确地提出来，深度沟通。

对于第一种情况，候选人可以发自内心地感谢面试官对自己的面试安排及宝贵的面试时间，千万别觉得这是“彩虹屁”，或者是拍马屁，真诚的感谢是让人十分受用的，这是一种积极的正反馈。也可以询问一下下一步的面试安排及面试时间，方便自己掌握整个面试的进展和流程。当然，如果聊得很好，可以主动加微信或者直接看时间约饭，建立深度的关系。

对于第二种情况，一般来说有两类问题，一类问题是在刚刚面试中已经聊过的问题，需要再仔细地求证和问询，在这种情况下，可以说说自己的理解，让面试官确认；另一类问题是面试中未曾谈起，但是对于你来说比较重要的问题，比如面试官就是你的未来领导，你想多了解一下TA的处事风格、职业背景、性格特征等。但是，要记得一点，对于这种开放性问题，高质量的提问才能获得高质量的回答，所以最好提前准备，再在面试环境中灵活应对和提问。至于哪些是高质量的提问，因人而异。接下来要说的5个方向就是我认为比较高质量的提问。

7.6　候选人问题方向一：公司的战略和战略目标是什么？

一个公司的战略和战略目标，一般来说，是公司的管理层和战略部门、市场部门、公关部门的职场人会比较关心的。比如很多管理层的日常工作就是要使公司的战略落地，战略部门要负责起草和制定公司的战略，市场部门要通过各种市场手段去执行战略，公关部门则要负责对公众和媒体进行战略的传播等。

也正是因为这种工作职责上的不同，很多不是这些部门的人就压根儿不了解公司的战略和战略目标，或者压根儿没有去了解的意识。对于正在面试求职中的候选人来说，不了解公司的战略和战略目标会带来两种结果：一是不知道自己正在接触的角色和这个公司的核心利益有多大关系；二是从整体上来看，不知道公司正在做什么，将要往哪里走。

如果我们把公司比作一艘正在高速行驶的大船，战略就是大船选择往哪个方向行驶，战略目标就是行驶的目的地。作为面试候选人，当你考虑登上这艘船的时候，当然要知道它的“行驶方向”和“行驶目的地”，甚至还要去求证和判断它们靠不靠谱，不然你怎么能放心上这艘船呢，又怎么保证自己的安全和切身利益呢？

所以在跟面试官的每一次接触中，都可以向面试官了解一下公司的战略和战略目标，这里需要注意两点：第一，不同的面试官来自公司的不同部门，他们对战略和战略目标有不同的理解和解读，所以可以听听不同面试官的看法；第二，我说的是去了解公司的战略和战略目标，而不是去评价、修订。要知道，越是优秀的公司，战略和战略目标越清楚。

实际上，为了做好这个提问，在面试前的准备工作中，你最好已经掌握了这个公司通过市场部门、投资部门、公关部门等对外传播的战略和战略目标等公开信息，如果能结合行业现状、竞争对手等商业情报产出一些自己的理解和思考最好。

7.7　候选人问题方向二：公司的生死时刻是怎么度过的？

候选人问面试官公司有没有艰难的时刻，以及是怎么度过的，和面试官问候选人如何度过艰难时刻，是镜像问题。既然是镜像问题，提问的原因也就有很多相似的地方，比如说公司在生死时刻做出的决定才真正能体现公司的核心价值，公司只有经历过生死时刻才知道公司面临的最大风险是什么，以便应对。

但是，候选人想问出这个问题或者想了解这个问题，并没有那么容易，一方面是候选人自身视角的问题，很多候选人在加入一家公司之前，只是从旁观者视角去看待公司，很难真正了解这家公司的运营质量。这个视角会让候选人相信一些相对容易看到的东西，比如公司的正面报道、各种奖项等，其实这些都是表面的。

另一方面，也是更为重要的，很多公司所经历过的生死时刻，往往都是公司爆发重大负面新闻的时候，公司的公关团队都要进行舆情管理和危机公关。与此相关的问题、责任、事件的来龙去脉等重要信息，很多职场人都是唯恐避之不及的，更何况是在面试这种对外的场合，他们怎么会开诚布公地侃侃而谈呢？

这种时候，如果碰到面试官愿意坦诚地分享、真诚地沟通，而不是极力回避，或者推卸责任，那么请珍惜这种公司，它们的价值观往往是积极的、正向的。反之，如果面试官不愿意过多谈及这种问题，也是可以理解的，毕竟面试场景又不是新闻发布会，面试官没有责任和义务进行解答。那么，这个时候就需要一些技巧。比如可以从最近的一些行业性事件、公司相关事件说起，表达一下自己的中性评价、困惑之处等，抱着想去了解的同理心去聊聊，这种心态会更容易让面试官接受。一旦对方不设防，心门打开了，自然而然你们就能聊很多有深度的甚至是私密的相关内容。

7.8　候选人问题方向三：公司的管理风格、人际关系等如何？

每个人身边都有不少这种案例和抱怨：入职之前，感觉公司都挺好的，入职以后，觉得公司管理混乱、人际关系复杂，感觉自己瞎了眼，选错了公司，分分钟想逃离。每当我听到这种一面之词，我都会先在大脑中做一个大致的区分，哪些是事实、哪些是观点、哪些是情绪，我会只基于事实进行聆听和询问，舍弃观点和情绪。

为什么要这样处理？因为与一个公司的管理风格、人际关系等相关的事情，身处其中的职场人有时候都难以理得清清楚楚，更何况是旁听的外人。如果那样只能是偏听偏信，失去了接近真相的机会。但这并不是说一个公司的管理风格、人际关系等是不可以提前了解和判断的，只是需要很多高质量的“信源”。

在面试中直接向面试官进行提问，就是重要的“信源”之一。比如我自己在阿里巴巴、美团等一线互联网大厂的面试中就会直接向面试官询问，并希望他们分享一些刚刚发生的案例。直到今天，我依然能清晰地记得阿里巴巴面试官说的“因为信任，所以简单”，记得美团面试官说的“正直、合作”等。

当然还有其他的“信源”，比如公司的“价值观手册”和“员工手册”。很多公司都会制作规范的“××手册”，用于告诉公众和新员工公司提倡什么、反对什么、支持什么、鼓励什么。除了个别公司和员工会把它当成摆设，绝大多数公司还是希望用它来传递公司的管理风格、人际关系等。

还有一种稍微不那么入流的“信源”，但是现在也变得越来越重要，那就是社交网站。特别是面向职场人的社交网站，在这些网站上经常可以看到很多劲爆的消息，不过这些消息真真假假，不好辨认。

7.9　候选人问题方向四：您个人对我有什么期望和建议？

这个问题，我计划放在我的第二本书《职业经营和发展策略》（拟用书名）中详细阐述，这里先拎出来说一些。在面试的开放互动中，候选人可以适时地问面试官："如果最后我和大家一起合作，您（面试官）对我有什么期望和建议？"或者换一种方式问："您（面试官）对将要加入团队的这个招聘人选有什么期望和建议？"

对于已经入职的职场人，我非常建议他们定期和领导进行一对一的面聊，聊的内容主要就是问问领导对自己一段时间以来的工作表现和职业业绩有什么建议和想法。这其实就是上下级之间彼此可以进行畅快沟通的一种保障形式，用互联网行业的"黑话"说就是"彼此多多勾兑"，横向打通利益诉求，关心对方的核心利益。

那么，对已入职的职场人适用的方法，为什么要拿到面试中来使用？原因有二：

其一，候选人可以对本次面试的结果和走向做一个大致的预判。试想一下，不管你自己面试的感受如何，面试官对你的面试表现肯定有一个基本判断，这个判断可能符合你的预期，也可能和你的预期不一样。那么，当你换一种方式询问面试官对你的建议时，或者对岗位人选的期望时，你就可以从侧面知道自我评价的参考标准。

其二，候选人可以对这个岗位的工作内容和对上管理进行再次判断。我在前文中说过，面试是一场带有目的性的深度沟通，这种目的和沟通有时是直接的，有时是间接的。你在准备面试的时候，已经大致了解了岗位的工作内容，但是只有从面试官的嘴巴中说出来的具体工作内容，才可能最接近你的真实工作。当面试官说出对你的期望和建议时，基本也是一次比较真实的对上管理了。

7.10　候选人问题方向五：我进来后的KPI或OKR具体是什么？

虽然KPI和OKP这两个概念在互联网行业是常识性知识，但一定有很多职场人还不知道KPI和OKR以及它们的区别，建议不知道它们的职场人可以详细了解下，在未来的职场中会有很多应用和实践。这里为了方便解释，我简单说一下，它们都是职场人的绩效考核方法。对于正在面试中的候选人来说，一定要提前了解自己的绩效考核是如何进行的。

KPI是关键绩效指标法，英文全名为key performance indicator，通俗点的理解就是公司从上至下制订好各个级别和角色承担的工作量化指标，然后按照约定好的结果进行考核；而OKR是目标与关键成果法，英文全名为objectives and key results，顾名思义，即每个级别和角色都可以去定义自己的目标以及对应的结果。

对于面试中的职场人来说，不论该公司是采取KPI的绩效考核方法还是采取OKR的绩效考核方法，首先，都需要了解清楚自己的工作考核方式、方法，以及它们和自己的薪资、收入、福利、晋升等核心利益的关系，比如具体考核什么、如何设定目标等。其次，采用KPI考核的公司相对集权一点，而采用OKR考核的公司则相对开放。

最后，在这个环节中有什么不清楚的问题尽量问清楚，哪怕有不一致的想法和意见，都可以沟通，毕竟自己还没有入职。而一旦入职，沟通的成本会变高，难度会变大，当然也不是没有办法，我会在第三本书《职场人的商业化变现》（拟用书名）中详述。

后　　记

职场人生，每个人都有更多可能

我很小就知道，有两种基本的人生态度和人生选择。

一种是选择安稳，好处是旱涝保收，不太受外界的影响；坏处是人生不会有很多可能，一辈子的很多天都在重复中度过，需要习惯和接受。另一种是选择精彩，好处是刺激不断，每天都过得不一样，都很新鲜；坏处是多了很多风险，一定会有起起伏伏和不确定性，需要学会终身成长，和风险与不确定性做朋友。

两种选择本身无所谓好和坏，但各有利弊，需要每个人结合自己的需要和价值观进行判断，适合自己的就是好的。后来，我逐渐为这两种基本的人生观找到了一种文化上的根源和解释，前一种是农耕文明，后一种是海洋文明。

在农耕文明中，日出而作，日落而息，朝九晚五，安安稳稳，过快乐、逍遥的小日子，享受安静、祥和的田园风光，最典型的意象代表是陶渊明的《桃花源记》。而在海洋文明中，可能满载而归，可能死里逃生，只能靠在大海中的顽强生存能力，得以存活和发展，最典型的意象代表是海明威的《老人与海》。

当我从这个层面开始思考两种选择的时候，我特别坚定地选择了后一种。因为中国已经进入了现代商业社会，海洋文明是大势所趋。

所以，我在2009年大学毕业的时候丝毫没有考虑过公务员、国企单位、事业编制等职业方向，而是一头扎进互联网行业，寻找更多的可能性。于是在2010年到2019年这10年时间里我几乎经历了互联网行业的所有重大事件，它们是我不可多得的人生财富，帮助我实现了职业上充满可能性的计划。

笛卡尔说，我思故我在。对我的职业人生来说，成长带来更多可能就是我存在的理由。

时间来到2020年，这种状态改变了（讲真的，跟新冠肺炎疫情有关，但是关系不大，我很反对那种事事都归咎于新冠肺炎疫情的逃避做法）。首先，外部环境和经济环境的变化给行业和经济带来了不小的下行压力，而且短时间内无法改变。其次，互联网行业经过10年的高速发展，进入了相对成熟的阶段。最后，也是最重要的，我在这个赛道上快速奔跑10年后，更清楚自己的人生目标和下一阶段的职业目标等。

所以，在这三种情况下，我知道2020年是我的变革之年、自我改变之年，也只有自我变革和改变，才能带来更多的可能性。所以，我选择从职场打工人转变为创业者，按照我最初的职业发展设计和规划，每10年一个阶段，花10年时间聚焦一个行业，做成1～3件最重要的事情，成为行业内最顶尖的商业人才。

2010—2019年我是这样度过的——扎根互联网行业，聚焦本地生活和前沿科技，在阿里巴巴、美团、复星等一线公司任职，成为行业内Top级别的营销专家。而2020—2029年我会在前10年的基础上，选择更细分和垂直的领域，在营销、业务、产品、服务等方向上进行综合性的经营，通俗理解就是商业化和做公司。

这会带来两个方面的变化，一是形式上，2010—2019年是以在顶级公司任职的形式，2020—2029年肯定不会这样，而是用项目制和小而美创业公司的形式，自负盈亏。形式上的变化只是表面的，根本上的变化是由过去靠单一职业技能驱动的职业发展，升级成靠商业资源、商业思维和商业方法等综合驱动的职业经营之路。

经过长时间的探索和实践，2020年我终于找到了2020—2029年这10年发展和经营的赛道——面向职场人，创办帮助职场人解决职场实际问题的实战型教育和咨询机构。

也许你会问，为什么我选择帮助更多职场人解决职场实际问题？原因有三点：第一，职场人会面临很多问题，存在大量真实的咨询需求——允不允许的问题；第二，我有解决问题的能力，已经用年薪百万和大厂工作的结果证明——会不会做的问题；第三，分享高质量的职场经营和发展的能力、方法、策略、资源等——愿不愿意的问题。

“允不允许”是前提，“会不会做”是核心，“愿不愿意”是关键，这三点缺一不可。

先来看第一点，未来10年，职场人会面临很多问题，有求职应聘越来越难的问题，有传统人才转型升级的问题，也有提升职业技能和打造个人品牌的问题等。这些问题，看似是2020年新冠肺炎疫情导致的，实际上是这几年经济不断下行、毕业生越来越多、竞争越来越内卷化等原因积压形成的，新冠肺炎疫情只是个放大镜。

而有了问题就一定要解决，如果把这些问题（需求）和解决方法（供给）汇总起来，整个市场规模会从2020年的不到5000亿元发展到2030年的万亿元。

接着来看第二点，现有的解决职场问题的方法中，花架子太多，实战型方法几乎没有，这些方法解决不了系统性和根本性的问题，多是改改简历、模拟面试等初级和表面的技巧。但是，职场的经营和发展一定是要在实战中实操、体会、思考、复盘才能学到真谛，职场人也只有在实战中才能和真正获得结果的高手进行高质量交流。

而我将自己在阿里巴巴、美团等大厂工作10年的成果、经验，梳理、提炼成系统性、策略性的实用方法，通过咨询的形式真正解决职场人的问题。

最后看第三点，职场问题摆在那里需要有人解决，而且有很多优秀的职场人都具备解决问题的能力，但关键就是这些人愿不愿意分享和帮助更多职场人。显然很多人是不愿意的，一方面考虑职场竞争的因素，“教会徒弟，饿死师傅”；另一方面也有时间和精力上的担心，毕竟，职场人的时间和精力都很宝贵。

这个时候成人达己的“军师”和“顾问”的角色就变得更重要。借助商业咨询的方法，咨询者付费购买我的时间，我来帮助咨询者解决问题，建立平等的合作关系。

所以，在想清楚这三点之后，我决定all in（全部押进），帮助职场人解决职场问题，最终就像老东家阿里巴巴说的，希望可以给职场人带来一些美好而微小的改变。

就这样，在2020年，从新冠肺炎疫情之下的几场公益讲座，到知乎上40多场系列直播，再到近千个大大小小的咨询案例，我都在践行和恪守这种成人达己的角色。

我把这种角色称为“实战型职场教练”，即有的时候是谋士，负责出谋划策；有的时候是顾问，负责解决具体问题；有的时候是导师，负责答疑解惑。实话讲，这个“实战型职场教练”的角色很重，也很累。

它要面对一个个具体的、个性化的问题，解决过程包括沟通、设计、实施、监督等一系列流程。

一定要这样做吗？我的答案是一定要，这样才能真正解决职场人的问题，因为只有这样做才能把咨询者面临的问题当成自己所面临的问题，无差别对待。此外，在我过去10年的一线大厂职业生涯中，我的工作和管理方式也是这种实战型职场教练的方式，简单来说，就是带兵打仗、拿到结果的方式。

所以，不论是在我自己过去的职业生涯中，还是在帮助职场人解决实际问题的教培咨询中，只有这种方式才是真正可以产生结果的，我也会因此收获成就感。在已经过去的2020年，我用实战型职场教练的方式帮助很多人进到了阿里巴巴、腾讯、抖音、美团等大厂，也帮助更多人逐步掌握系统性职场经营的方法。

虽然我是职场人的教练，但是我更希望，最终每一个职场人都是自己的第一教练，就像我是自己的第一教练一样，只有这样，才能到自由阶段。因为，我所理解的教育和培训是个性化的，是非标品，而它的本质是自我觉醒和刻意练习，一个形而上的心性，一个形而下的方法，但都是需要不断启迪和赋能的。

我真正在这条道路上，踏踏实实地走了1年多的时间后，才有机会把我的所思、所想、所做，以及咨询者们的故事、成绩和结果，通过本书和读者朋友们进行分享和交流，希望能够对更多职场人有所帮助。而我知道，在专业的职场咨询和教练道路上，这只是起步，未来10年还有更多可能性，一起加油。

最后，借本书的出版和发行，有一些感谢的话要说，还有一些感慨要发一发：

感谢人美、声甜又专业的图书经纪人途途老师（我爱称她为“兔兔”老师），正是在和她的交流和碰撞中，我写书的想法才越来越坚定、写书的构思才越来越清晰；

感谢热情、高效又资深的出版社编辑蒋老师，从我开始落笔写书的第一天起，他的指导和陪伴对第一次写书的我来说，就非常受用，让我紧张的写作事半功倍；

感谢我最亲爱的大学专业课导师郑老师，她是我新闻传播路上的领路人，她教会了我新闻“听、说、读、写”的四项基本职业技能，让我的职业和人生多了很多秘密武器；

也要一并感谢几位朋友（排名不分先后）——Joy、小厚、贾琳洁、飞鹰、凌雯、梁晶、Christy、Jingjing、Diana、Connie、Roger、石双鱼、磊磊等，他们都是资深的职场人，在各自的专业上和行业中都有所经营和收获，很早就参与本书的试读、试看，并给了我很多中肯评价和宝贵建议，这对提高本书的质量有明显帮助。

最后的最后，还要特别感谢那些多到我无法写出名字的咨询者们，是他们对我的信任、厚爱和支持才最终让本书成稿，才让帮助更多职场人的行动成为可能。借此宝地，打个小广告，欢迎更多咨询者选择灿哥、相信灿哥，一起合作，解决职场和人生中的各种问题，“升级打怪”；也欢迎更多想加入职业咨询和职业教育行业的小伙伴，加入灿哥的事务所，一起做点有意义和有意思的事情。心动不如行动，来微信公众号“灿哥和朋友们”找我吧，我们的暗号是“永远年轻，永远热泪盈眶”。

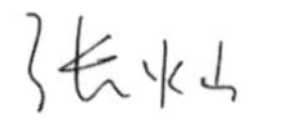

2021年夏，于上海龙湖别墅